ANNE IBURG

SO *leicht* GEHT SCHLANK!

DAS EINFACHSTE ABNEHMBUCH DER WELT

Einfach Abnehmen mit max. **6** Zutaten
und **500** Kalorien je Mahlzeit

EMF

EIN BUCH DER
EDITION MICHAEL FISCHER

INHALT

VORWORT

So leicht geht schlank – schnell und kalorienarm kochen und dabei trotzdem genießen.

Wie das geht? Indem Sie mehr Kalorien verbrennen, als Sie aufnehmen. Das hört sich zunächst einfach an. Doch wer weiß schon, wie viele Kalorien er täglich verbraucht, geschweige denn, wie viele er den Tag über zu sich nimmt?

Um dauerhaft erfolgreich abnehmen zu können, müssen Sie auf eine negative Energiebilanz kommen. Da der tägliche Grundbedarf eines Menschen bei durchschnittlich etwa 2000 Kalorien liegt, müssen Sie diese also lediglich unterschreiten, um ihren Kalorienbedarf zu reduzieren.

Kaloriensparen leicht gemacht

Das 3 x 500 Prinzip unterstützt Sie dabei: Dieses Buch bietet eine abwechslungsreiche Auswahl an Rezepten vom Frühstück bis zum Abendessen unter 500 Kalorien. Bei drei Mahlzeiten am Tag nehmen Sie also nie mehr als 1500 Kalorien täglich zu sich. So ist der Abnehmerfolg garantiert – ganz ohne zu hungern!

Und das Beste: Für den kleinen Hunger zwischendurch finden Sie zusätzlich zu den Hauptmahlzeiten ein paar „Seelentröster“. Da die meisten Gerichte ohnehin unter 500 Kalorien liegen, können Sie sich ab und an getrost eine kleine Zwischenmahlzeit oder ein Dessert gönnen, ohne dass Sie die magische Grenze von 1500 Kalorien überschreiten. Sie können die Rezepte also nach Lust und Laune kombinieren, die Pfunde purzeln dabei wie von selbst – pro Woche können Sie so 1 Pfund oder auch mehr an Körpergewicht verlieren!

Lästiges Kalorienzählen ade

All unsere Rezepte enthalten maximal 6 Zutaten, damit auch der Einkauf relativ easy über die Bühne geht.

Die benötigten Zutaten finden Sie auf jeder Rezeptseite übersichtlich mit Kalorien- und Nährwertangaben auf den einzelnen Fotos abgebildet. Die Gesamtkalorienzahl pro Gericht ist unter dem jeweiligen Rezept zusammengefasst – so müssen Sie sich nicht um das lästige Kalorienzählen kümmern. Dazu finden Sie bei vielen Rezepten auch nützliche Tipps zu Alternativen oder Verwertungsmöglichkeiten.

Ein Tipp zum Schluss: Um erfolgreich abzunehmen, sollten Sie sich eine Haushaltswaage zulegen und alles, was Sie den Tag über essen, vorher abwiegen. Sie werden sehen: Die Haushaltswaage wird so zu einer liebevollen Bremse beim Essen – und Sie behalten auch langfristig die Kontrolle über das, was Sie zu sich nehmen.

So leicht geht schlank! Fangen Sie noch heute an, denn Erfolg hat drei Buchstaben: TUN!

Anne Iburg

Frühstück	max. **500 kcal**
+ Mittagessen	max. **500 kcal**
+ Abendessen	max. **500 kcal**
pro Tag	max. **1.500 kcal**

GRUNDLAGEN

Ganz einfach Kochen

So sind die Rezepte aufgebaut: Zutaten, die in jedem Haushalt verfügbar sind, wie beispielsweise Salz und Pfeffer, verschiedene Gewürze oder Öl zum Einpinseln von Backblechen, finden Sie in der oberen Leiste. Alle anderen Zutaten sind untereinander als Foto in der Zutatenliste abgebildet. Es müssen also pro Gericht maximal 6 Zutaten eingekauft werden – so bleibt der Einkauf schön übersichtlich und geht schnell. Alle Zutaten enthalten außerdem alle Angaben zu Kalorien und den Hauptnährstoffen Eiweiß, Fett und Kohlenhydrate pro Portion. Auf diese Weise bekommen Sie ein Gefühl, welche Zutaten wie viele Kalorien enthalten. Das ermöglicht Ihnen die Freiheit, mit weiteren Gewürzen, die bei der Kalorienberechnung nicht ins Gewicht fallen, zu würzen oder auch Lebensmittel mit ähnlichem Kaloriengehalt wie z. B. Hähnchen gegen Pute oder Zucchini gegen Kürbis auszutauschen. Am Ende ergibt die Kalorienzahl der einzelnen Zutaten die Gesamtkalorienzahl pro Portion für jedes Gericht, die Sie am Ende des Rezepts finden. So erkennen Sie auf einen Blick, wie viele Kalorien jede Mahlzeit enthält, und können Frühstück, Mittag- und Abendessen ganz individuell kombinieren.

Negative Energiebilanz

Der einfachste Weg um abzunehmen besteht darin, weniger Kalorien zu sich zu nehmen, als der Körper verbraucht. In Fachkreisen spricht man auch von einer negativen Energiebilanz.

Kalorien sind die Maßeinheit für die Energie, die wir über das Essen in Form von Kohlenhydraten, Fetten und Eiweißen aufnehmen, sowie die Energiemenge, die unser Körper verbrennt.

Der Energiebedarf setzt sich aus zwei Größen zusammen: aus dem Grundumsatz und dem Leistungsumsatz. Diese ergeben zusammen den Energieumsatz und damit in etwa die Kalorien, die unser Körper pro Tag verbrennt und damit auch benötigt.

Der Grundumsatz deckt die Basics ab

Der Grundumsatz ist die Menge an Energie, die der Körper bei völliger Ruhe und einer Raumtemperatur von 28 °C sowie zur Aufrechterhaltung aller lebenswichtigen Funktionen braucht. Er ist stark von Geschlecht, Alter, Größe und Körperbau abhängig. Generell haben Frauen einen geringeren Grundumsatz als Männer, da sie im Verhältnis zur Fettmasse einen geringeren Anteil an Muskelmasse haben. Der Grundumsatz wird in Kalorien pro Tag (kcal/ Tag) angegeben.

Im Leistungsumsatz steckt das Plus

Der Leistungsumsatz beschreibt den Energieverbrauch von körperlichen Aktivitäten und Prozessen, die zusätzlich zum Grundumsatz stattfinden. Dazu gehören jede Muskelaktivität (vom Sitzen bis zum Rennen), der Energieverbrauch für die Verdauungstätigkeiten unseres Körpers und die Energie zur Wärmeregulation. Der Leistungsumsatz wird in PAL (physical activity level; Maß für die körperliche Aktivität) angegeben (siehe Tabelle 1).

Die Deutsche Gesellschaft für Ernährung e.V. hat Richtwerte für die durchschnittliche Energiezufuhr bei Personen unterschiedlichen Alters in Abhängigkeit vom Ruheenergieumsatz und der körperlichen Aktivität (PAL-Werte) herausgegeben.

Mithilfe der Einteilung können Sie sich einem PAL-Wert zuordnen. Als Ernährungsberaterin bemühe ich mich in meinen Abnehmkursen stets um eine realistische Einschätzung und gebe offen zu, dass ich mich selbst dem niedrigsten PAL-Wert einordne, da ich eine überwiegend sitzende Tätigkeit habe, alle Wege mit dem Auto erledige und zum Ausgleich drei mal die Woche Sport mache.

Wenn Sie Ihren PAL-Wert für sich gefunden haben, brauchen Sie nur noch Ihr Geschlecht (w = weiblich, m = männlich) und Ihr Alter in Tabelle 2 (siehe S.9) ablesen und schon erhalten Sie einen Richtwert für Ihre Energiezufuhr. Meine Kurse besuchen in der Mehrzahl Frauen. Ihr Alter liegt im Mittelwert um die 50 und auch sie ordnen sich dem PAL-Wert 1,4 zu. Das bedeutet, dass ihr Energiebedarf lediglich bei 1700 kcal/Tag liegt und nicht bei den durchschnittlich angegeben 2000 kcal/ Tag.

BELASTUNG	PAL-WERT
ausschließlich sitzende Tätigkeit, wenig/keine körperliche Aktivität in der Freizeit	1,4–1,5
sitzende Tätigkeit, zusätzlicher Energieaufwand für zeitweilige gehende/stehende Tätigkeiten	1,6–1,7
überwiegend gehende/stehende Tätigkeit	1,8–1,9

Tabelle 1: Einteilung der PAL-Werte | **Quelle:** DGE: D-A-CH Referenzwerte für die Nährstoffzufuhr

Flexibel bleiben

Rein rechnerisch – physikalisch – müssten wir 7000 kcal an Essen einsparen, um ein 1 kg Körpergewicht zu verlieren. Wenn Sie einen Kalorienbedarf von 2000 kcal/ Tag haben und Sie würden jeden Tag nur 1500 kcal zu sich nehmen, dann würden Sie nach 14 Tagen 1 kg Körpergewicht abgenommen haben. Da nicht bei allen Menschen ein so hoher Energiebedarf vorliegt, haben die Rezepte in diesem Buch auch weniger als 500 kcal. Die Grenze von 500 kcal sollte möglichst bei keiner Mahlzeit überschritten werden, wenn Sie also noch einen Milchkaffee zum Frühstück trinken, der 100 ml fettarme Milch beinhaltet, sind es 48 kcal mehr. Sie dürfen ein Rezept, das unter 250 kcal hat, auch gerne in den Mengen verdoppeln. Auf der anderen Seite kann es sein, dass Sie die Angewohnheit haben, jeden Nachmittag einen Doppelkeks zu essen, der dann gleich mal mit 115 kcal zu Buche schlägt. Daher sind alle meine Rezepte so konzipiert, dass sie stets unter 500 kcal liegen, damit Sie noch flexibel sind und neben den drei Rezeptvorschlägen für die Hauptmahlzeiten einen kleinen individuellen Freiraum haben. Auch möchte ich den vielen Frauen mit einem Bedarf von nur 1200 kcal/ Tag eine Richtschnur fürs Abnehmen an die Hand geben. Gehören Sie zu den Männern, die bisher jeden Tag 3000 kcal/ Tag zu sich genommen haben, dann dürfen Sie gerne die Zutaten in einigen Rezepten verdoppeln, sodass Sie insgesamt auf 2000 kcal/Tag kommen.

Ist die Energiemenge zu niedrig?

Natürlich könnten Sie jetzt sagen: Bei Kalorienmengen von unter 1500 kcal biete ich mit diesem Buch eine Crash-Diät an. Mein Gegenargument hierzu leuchtet jedoch sofort ein: Das Abnehmen ist einfacher mit einer Kaloriendifferenz von 500 kcal/ Tag als von nur 200 kcal/Tag. Bei einer zu kleinen Differenz von weniger als 500 kcal /Tag stellt sich der Abnehmerfolg nur langsam ein und wird damit auch weniger offensichtlich. Da jede Ernährungsumstellung schwer ist und uns viel abverlangt, brauchen wir schnelle und sichtbare Erfolge. Bei 200 kcal/ Tag weniger, zeigt sich rein rechnerisch erst nach 35 Tagen der Erfolg von einem Kilogramm weniger auf der Waage. Aus meiner täglichen Praxiserfahrung weiß ich nur zu gut, dass die Patienten die Flinte da schon längst ins Korn geworfen haben. Und noch eins: Schon der Steinzeitmensch musste auch mal über einen längeren Zeitraum hinweg hungern und hatte dann nach erfolgreicher Jagd wieder einen Überschuss an Nahrung zur Verfügung. Damals wie heute löste dies nicht zwangsläufig einen Jojo-Effekt aus.

Aus meiner Sicht gibt es drei große Fehler beim Abnehmen: gar nichts bis extrem wenig essen (500 kcal/Tag), was auf Dauer niemand aushält. Oder eine zu geringe Energieersparnis, da eine völlig falsche Vorstellung vom Energiebedarf und Energiegehalt der Lebensmittel (in der gesamten Bevölkerung) vorliegen. Und der dritte Fehler: keinerlei Regelmäßigkeit. Essen Sie daher bitte unbedingt regelmäßig drei Mahlzeiten am Tag. Machen Sie nicht den Fehler, den ganzen Tag auf Essen zu verzichten, um Kalorien einzusparen, um dann am Abend zu spachteln, denn dann kommt es – seien wir doch mal ehrlich – zu den Gelüsten nach süßen oder pikanten Kalorienbomben, die wir doch unbedingt vermeiden wollen.

Fazit

Eine ausgewogene Ernährung nach dem 3 x 500 Prinzip und ausreichend Bewegung helfen Ihnen dabei, gesund und nachhaltig abzunehmen, und das ganz einfach – versprochen!

	RICHTWERTE FÜR DIE ENERGIEZUFUHR					
	in kcal/Tag					
	PAL-Wert 1,4		**PAL-Wert 1,6**		**PAL-Wert 1,8**	
Alter	**m**	**w**	**m**	**w**	**m**	**w**
19 – unter 25 Jahre	2400	1900	2800	2200	3100	2500
25 – unter 51 Jahre	2300	1800	2700	2100	3000	2400
51 – unter 65 Jahre	2200	1700	2500	2000	2800	2200
65 Jahre und älter	2100	1700	2500	1900	2800	2100

Tabelle 2: Richtwerte für die Energiezufuhr in kcal/Tag von Erwachsenen | **Quelle:** DGE: D-A-CH Referenzwerte für die Nährstoffzufuhr

5 STRATEGIEN ZUM KALORIENSPAREN

1

Eiweiß hilft beim Abnehmen

Eiweiß hat eine gute Sättigungswirkung und hilft, zusätzlich Kalorien zu verbrennen, da der thermische Effekt von Eiweiß etwas höher ist als der von Kohlenhydraten oder Fett. Außerdem hilft eine gute Eiweißversorgung dabei, dem Abbau von Muskelmasse entgegenzuwirken und so den Stoffwechsel konstant auf Touren zu halten.

2

Das Snacken vermeiden!

Ob Fruchtschnitte, Eiweiß- oder Müsliriegel, von der Werbeindustrie werden sie zwar oft als gesunde Snacks für zwischendurch angepriesen, in Wahrheit sind sie aber echte Kalorienbomben.

Als Richtwert können Sie sich daher merken: Ein Snack sollte immer unter 100 kcal haben. Ein Stück Obst oder ein Naturjoghurt sind für zwischendurch dagegen okay und allemal besser, als zu hungern. Auch wenn Sie das Gefühl haben, nur ein Schokoriegel macht sie satt, glauben Sie mir, der viele Zucker lässt Ihren Blutzuckerspiegel und damit die Insulinproduktion unnötig in die Höhe steigen. Das führt spätestens nach zwei Stunden zu erneutem Hunger und – Sie ahnen es schon – zu noch mehr Süßem.

3

Zucker stört beim Abnehmen

Softdrinks, Säfte und auch fertig gemixte Schorlen enthalten sehr viel Zucker. Auch wenn es am Anfang schwerfällt, verzichten Sie auf alles Süße. Das ist das Beste, was Sie tun können. Die Lust auf Süßes hat bei vielen Menschen eine Art Suchtcharakter, der sich in einer inneren Unruhe und dem Drang bemerkbar macht, unbedingt etwas Süßes wie z. B. ein Stück Schokolade haben zu müssen. Und aus dem Stück wird eine Tafel. Stoppen Sie die Sucht- und Heißhungergefahr und verbannen Sie vorerst allen Süßkram aus dem Haus. Schneiden Sie stattdessen einen Apfel in Würfel oder eine Banane in Scheiben und zelebrieren Sie diese als gesunde Snack-Alternative. Denn wenn Sie langsam, bewusst und somit achtsam Obst wie auch jede andere Mahlzeit essen und dabei Happen für Happen genießen, dann werden Sie mit dem Erfolg auf der Waage belohnt.

4

Wasser ist nicht langweilig

Wasser ist nicht gleich Wasser. Es gibt mittlerweile sogar professionelle Wasserverkostungen und eine Ausbildung zum Wasser-Sommelier. Dabei geht es um mehr als den Unterschied zwischen Leitungswasser und Mineralwasser mit unterschiedlich starker Kohlensäure. Durch die Mineralien schmecken manche Wasser eher weich und andere hart. Zudem können Sie das Wasser aromatisieren, ohne die Kalorienmengen zu erhöhen. Neben Zitrone, Gurke oder Brombeere können Sie auch Minze, Melisse, Orange, Beeren oder Ingwer hinzugeben und Ihr Wasser nach Belieben aufpeppen.

Ihre Trinkmenge sollte täglich bei mindestens 1,5 l Wasser oder alternativ Tee aus Kräutern oder Früchten liegen. Trinken Sie 30 Minuten vor dem Essen zusätzlich 1 Glas Wasser. Es füllt den Magen und Sie fühlen sich schneller satt.

5

Sport – Ihr neues Hobby!

Muskeln machen den Großteil unseres Grundumsatzes aus, denn durch sie verbrennen wir im Ruhezustand pro Tag ca. 1200–1500 kcal. Je größer der Anteil von Muskelmasse im Körper, desto höher ist der Grundumsatz und somit der Energieverbrauch.

Studien haben gezeigt, dass auch kurze Einheiten aus Kraftübungen mehrmals die Woche den Grundumsatz steigern konnten. Also, 10 Minuten morgens früher aufstehen oder am Abend dafür frei halten und mit Sit-ups, Liegestütz und Co. die Muskeln aufbauen. Suchen Sie nach dem Sport, der Ihnen Spaß macht, und fangen Sie noch heute damit an, es lohnt sich!

1

20 g
73 kcal | 4 g EW | 6 g F | 0 g KH

2

100 ml
48 kcal | 3 g EW | 2 g F | 5 g KH

3

50 g
17 kcal | 1 g EW | 0 g F | 3 g KH

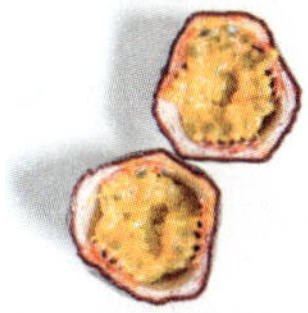

4

25 g
16 kcal | 0 g EW | 0 g F | 3 g KH

5

10 g
71 kcal | 1 g EW | 7 g F | 1 g KH

CHIA-HIMBEER-BOWL

1 Person	**10 MIN** Zubereitung **15 MIN** Quellen	etwas Kardamom

2 EL *Chiasamen*

100 ml *Milch*

50 g *Himbeeren*

1 *Passionsfrucht*

1 EL *gehackte Walnusskerne*

Die **Chiasamen** in **Milch** einweichen und etwa 15 Minuten quellen lassen.

Die **Himbeeren** abbrausen und verlesen. Die **Passionsfrucht** halbieren und den Inhalt mit einem Esslöffel herausnehmen. Zusammen mit den **Himbeeren** auf dem **Chiapudding** verteilen.

Walnusskerne unterrühren und mit **Kardamom** würzen.

Pro Person:
225 kcal | 9 g EW | 15 g F | 12 g KH

FRÜHSTÜCK

Tipp: *Geben Sie gerne 1 EL Zitronensaft zum Müsli, damit der Apfel nicht braun wird.*

Ist Ihnen das Müsli nicht süß genug, geben Sie ½ TL Zucker, Honig oder Dicksaft dazu. Das Frühstück hat dann 10 kcal und 3 g Zucker mehr.

30 g
106 kcal | 4 g EW | 2 g F | 18 g KH

5 g
23 kcal | 1 g EW | 2 g F | 0 g KH

125 g
61 kcal | 4 g EW | 2 g F | 6 g KH

125 g
76 kcal | 0 g EW | 0 g F | 18 g KH

MÜSLI

„Bircher Art"

1 Person | **10 MIN** Zubereitung

3 EL *Haferflocken*

1 TL *geschrotete Leinsamen*

125 g *Joghurt (1,5 % Fett)*

1 *kleiner Apfel*

Die **Haferflocken** und **Leinsamen** in ein Schälchen geben und mit dem **Joghurt** verrühren.

Den **Apfel** waschen, vierteln, das Kerngehäuse entfernen und die Viertel raspeln. Die Raspel unter das **Müsli** mischen und sofort verzehren.

Pro Person:

266 kcal | 9 g EW | 6 g F | 42 g KH

1

100 g
32 kcal | 1 g EW | 0 g F | 6 g KH

2

75 g
68 kcal | 1 g EW | 0 g F | 15 g KH

3

10 g
4 kcal | 0 g EW | 0 g F | 1 g KH

4

125 g
91 kcal | 17 g EW | 0 g F | 4 g KH

5

10 g
88 kcal | 0 g EW | 10 g F | 0 g KH

6

20 g
90 kcal | 5 g EW | 7 g F | 2 g KH

ERDBEER-BANANEN-QUARK

mit Crunch

1 Person | **5 MIN** Zubereitung

100 g *Erdbeeren*

½ *Banane*

1 EL *Zitronensaft*

125 g *Magerquark*

1 EL *Leinöl*

2 EL *geschroteter Leinsamen*

Erdbeeren waschen und in mundgerechte Stücke schneiden. Die **Banane** schälen und mit einer Gabel zerdrücken. Mit **Zitronensaft** beträufeln.

Obst und **Quark** in ein Schälchen geben und mit der Gabel vermengen. Zum Schluss das **Leinöl** unterrühren und mit **Leinsamen** bestreuen.

Pro Person:
373 kcal | 24 g EW | 17 g | F 28 g KH

Tipp: *Legen Sie sich bei diesem Müsli einen Vorrat an. Dafür 100 g geröstete Mandelstifte, 500 g Hafervollkornflocken, 100 g Haferkleie, 50 g Chiasamen, 50 g Leinsamen und 50 g Goji-Beeren vermengen und in einer großen Dose aufbewahren. 50 g Müslimischung entsprechen einer Mahlzeit.*

1

7g
35kcal | 1g EW | 3g F | 0g KH

2

30g
106kcal | 4g EW | 2g F | 18g KH

3

5g
20kcal | 1g EW | 0g F | 3g KH

4

3g
12kcal | 1g EW | 1g F | 0g KH

5

3g
13kcal | 1g EW | 1g F | 0g KH

6

3g
11kcal | 0g EW | 0g F | 2g KH

MÜSLIMISCHUNG

zuckerfrei

1 Portion | **10 MIN** Zubereitung

1 TL *Mandelstifte*

3 EL *Hafervollkornflocken*

1 TL *Haferkleie mit Keim*

1 TL *Chiasamen*

1 TL *Leinsamen*

1 TL *getrocknete Goji-Beeren (rote Beeren aus China)*

Die **Mandelstifte** in einer beschichteten Pfanne ohne Zugabe von Fett goldbraun rösten und erkalten lassen.

Alle Zutaten in eine Müslischale geben und wahlweise mit 150 g **Joghurt** (1,5 % Fett) (= 67 kcal) oder 150 ml **Kokos-Reis-Drink** (= 79 kcal) mischen.

Pro Person:
197 kcal | 8g EW | 7g F | 23g KH

Tipp: *Statt der 2 Zwetschgen können Sie auch einen halben Apfel oder eine halbe Birne wie auch jedes beliebige andere Obst der Saison bis 100 g verwenden.*

PORRIDGE

„very british“

1 Person	**10 MIN** Zubereitung	Salz, etwas Zimt

4 EL *blütenzarte Haferflocken*

2 *Zwetschgen*

100 ml *Milch (1,5 % Fett)*

1 EL *Zucker*

Die **Haferflocken** mit 250 ml Wasser in einem Topf zum Kochen bringen. Mit **Salz** würzen. Nach ca. 1 Minute Kochzeit den Topf vom Herd nehmen und den **Porridge** zugedeckt 5 Minuten quellen lassen.

Die **Zwetschgen** waschen, entsteinen und in feine Streifen schneiden. **Porridge** in ein Schälchen füllen und die **Milch** unterrühren. Dann die **Zwetschgenstreifen** auf dem **Porridge** verteilen. Mit **Zucker** und **Zimt** bestreuen.

1

40 g
141 kcal | 5 g EW | 3 g F | 24 g KH

2

60 g
26 kcal | 0 g EW | 0 g F | 6 g KH

3

100 ml
48 kcal | 3 g EW | 2 g F | 5 g KH

4

10 g
41 kcal | 0 g EW | 0 g F | 10 g KH

Pro Person:
256 kcal | 8 g EW | 5 g F | 45 g KH

Tipp: *Statt der Orangen können Sie alternativ auch frische Heidelbeeren, Bananen oder Mango verwenden. Ist der Quinoa-Pudding nicht süß genug, geben Sie 1 TL Honig (10 g: 40 kcal | 0 g EW | 0 g F | 10 g KH) dazu.*

1

150 ml
72 kcal | 5 g EW | 2 g F | 7 g KH

2

50 g
178 kcal | 6 g EW | 3 g F | 31 g KH

3

125 g
54 kcal | 1 g EW | 0 g F | 10 g KH

4

10 g
71 kcal | 2 g EW | 7 g F | 1 g KH

QUINOA-POWER-PUDDING

mit Orangen

1 Person	**20 MIN** Zubereitung	etwas Zimt

150 ml *Milch (1,5 % Fett)*

50 g *Quinoa*

1 *Orange*

1 EL *gehackte Walnusskerne*

Die **Milch** zusammen mit der **Quinoa** zum Kochen bringen und dann 15 Minuten bei reduzierter Hitze köcheln lassen.

Inzwischen die **Orange** filetieren. Dafür die Schale rundherum in Streifen abschälen, danach die einzelnen **Orangenfilets** an den weißen Trennhäuten entlang mit einem Messer herauslösen.

Den **Quinoapudding** in ein Schälchen geben und die **Orangenfilets** darauf verteilen. Zum Schluss die **Walnusskerne** daraufstreuen und nach Belieben mit **Zimt** bestäuben.

Pro Person:

375 kcal | 14 g EW | 12 g F | 49 g KH

Tipp: *Knabbern Sie ein paar Radieschen, Paprikastreifen oder Cocktailtomaten dazu. Diese Gemüsesorten haben nur wenig Kalorien. Als Faustregel kann man sich merken: 100 g Gemüse hat meistens nur 20-30 kcal.*

1

60 g
82 kcal | 7 g EW | 6 g F | 1 g KH

2

20 ml
9 kcal | 3 g EW | 2 g F | 5 g KH

3

10 g
31 kcal | 3 g EW | 2 g F | 0 g KH

4

50 g
128 kcal | 4 g EW | 1 g F | 23 g KH

5

5 g
37 kcal | 0 g EW | 4 g F | 0 g KH

EGG-MUFFIN

mit Roggenvollkornbrot

1 Person	**1** Muffinblech, **1** Stück **5 MIN** Zubereitung **10 MIN** Backzeit	Öl für die Form, frischer Schnittlauch, Salz, Pfeffer

1 *Ei (Größe M)*

20 ml *Milch (1,5 % Fett)*

10 g *hauchdünn geschnittener Parmaschinken (ohne Fettrand)*

1 *Scheibe Roggenvollkornbrot*

5 g *Butter*

Den Backofen auf 200 °C Ober/Unterhitze vorheizen. Eine Mulde eines 6er-Muffinblechs mit **Öl** einpinseln.

Das **Ei** aufschlagen und mit der **Milch** verquirlen. Mit **Salz** und **Pfeffer** würzen. Den **Parmaschinken** in Streifen schneiden und in die eingefettete Mulde geben, sodass der Boden gut bedeckt ist. Die **Eiermilch** in die Mulde gießen. Nach Belieben 1 TL gehackten **Schnittlauch** darauf verteilen.

Den **Egg-Muffin** ca. 12 Minuten backen, bis das **Ei** gestockt ist. Etwas abkühlen lassen, aus der Mulde lösen und zu einer Scheibe **Roggenvollkornbrot** mit **Butter** servieren.

Pro Person:
287 kcal | 17 g EW | 15 g F | 29 g KH

DINKELBROT

mit Rote-Bete-Aufstrich

2 Personen	**20 MIN** Zubereitung	frische krause Petersilie, Apfelessig, Salz, Pfeffer

120 g *Rote Bete (vakuumiert)*

30 g *Walnusskerne*

2 EL *Rapsöl*

2 *Scheiben Dinkelvollkornbrot*

1

60 g
23 kcal | 1 g EW | 0 g F | 5 g KH

2

15 g
107 kcal | 2 g EW | 10 g F | 1 g KH

3

10 g
88 kcal | 0 g EW | 10 g F | 1 g KH

4

50 g
123 kcal | 6 g EW | 2 g F | 20 g KH

Die **Rote Bete** in Stücke schneiden und in einen Mixbecher geben. Die **Walnusskerne** ohne Zugabe von Fett in einer beschichteten Pfanne kurz anrösten, danach zur **Roten Bete** geben.

2 Stängel **Petersilie** waschen, trocken tupfen und fein hacken. 1 TL **Petersilie** aufheben, den Rest mit **Rapsöl**, **Apfelessig**, **Salz** und **Pfeffer** in den Mixbecher geben und alles mit dem Pürierstab zu einer homogenen Masse pürieren. Mit **Salz** und **Pfeffer** abschmecken.

Den **Aufstrich** auf 2 Scheiben **Dinkelvollkornbrot** streichen. Mit der übrigen **Petersilie** garnieren.

Pro Person:
341 kcal | 9 g EW | 22 g F | 27 g KH

1

80 g
10 kcal | 0 g EW | 0 g F | 2 g KH

2

5 g
37 kcal | 0 g EW | 4 g F | 0 g KH

3

70 g
144 kcal | 5 g EW | 1 g F | 28 g KH

4

100 g
190 kcal | 21 g EW | 12 g F | 0 g KH

5

60 g
82 kcal | 7 g EW | 6 g F | 1 g KH

ROGGEN-SMÖRREBRÖD

mit Lachs und Gurke

1 Person	**10 MIN** Zubereitung	frischer Dill, Salz, Pfeffer

80 g *Gurke*

5 g *Butter*

1 *große Scheibe Roggenvollkornbrot*

100 g *Räucherlachs (in Scheiben)*

1 *hartgekochtes Ei*

Die **Salatgurke** waschen, putzen und in Scheiben schneiden.

Die **Butter** auf das **Brot** streichen, den **Lachs** darauf verteilen. Das **Ei** pellen und in Scheiben schneiden. Abwechselnd mit den **Gurkenscheiben** auf dem **Lachs** verteilen. Nach Belieben Mit 1 EL gehacktem **Dill** bestreuen und mit **Salz** und **Pfeffer** würzen.

Pro Person:

463 kcal | 33 g EW | 23 g F | 31 g KH

Tipp: *Sie können auch frisches Obst verwenden. Wenn Sie die Konfitüre auf 2 kleine Vollkorntoasts (40 g: 96 kcal | 3 g EW | 2 g F | 17 g KH) mit 30 g Magerquark (22 kcal | 4 g EW | 0 g F | 1 g KH) streichen, dann nehmen Sie insgesamt 147 kcal zu sich.*

1

15 g
5 kcal | 0 g EW | 0 g F | 1 g KH

2

5 g
2 kcal | 0 g EW | 0 g F | 0 g KH

3

5 g
20 kcal | 0 g EW | 0 g F | 5 g KH

BEERENKONFITÜRE

„kalt gerührt"

10 Portionen (etwa 250 g)	**10 MIN** Zubereitung	Vanille, Guarkernmehl

150 g *TK-Erdbeeren*

50 g *TK-Johannisbeeren (rot)*

50 g *Zucker*

Die **Erdbeeren** und **Johannisbeeren** auftauen lassen. Die **Beeren** zusammen mit dem **Zucker**, 1 TL **Guarkernmehl** und 1 Msp. **Vanille** in ein hohes Gefäß geben und pürieren.

Falls die **Konfitüre** zu dick wird, nach Belieben 2 EL **Orangensaft** oder auch Wasser unterrühren, dann in ein sauberes Schraubglas füllen. Die **Konfitüre** hält sich im Kühlschrank etwa 1 Woche.

Pro Portion:
27 kcal | 0 g EW | 0 g F | 6 g KH

Tipp: *Essen Sie die Sesambrötchen mit 5 g Butter (37 kcal | 0 g EW | 4 g F | 0 g KH) und 25 g Pflaumenmus (49 kcal | 0 g EW | 0 g F | 12 g KH), dann hat ein Brötchen 250 kcal.*

40g
134kcal | 5g EW | 1g F | 17g KH

5g
15kcal | 1g EW | 0g F | 3g KH

3g
15kcal | 1g EW | 1g F | 0g KH

FRÜHSTÜCKSBRÖTCHEN

6 Stück	**1** Muffinblech, **20 MIN** Zubereitung, **30 MIN** Gehen **25 MIN** Backen	Öl für die Form, Trockenhefe, Salz, Apfelessig

240g *Weizenmehl (Type 1050)*

30g *Kichererbsenmehl*

2EL *Sesam*

Den **Teig** am Vorabend zubereiten. Hierfür die beiden Mehlsorten mit ½ Päckchen **Trockenhefe** und ¾ TL **Salz** in einer Schüssel mischen. 200 ml lauwarmes Wasser sowie 1 EL **Apfelessig** hinzufügen und mit den Händen verkneten, bis sich der **Teig** von der Schüssel löst. Diesen zu einer Kugel formen.

Ein 6er-Muffinblech einfetten. Den **Teig** zu 6 Kugeln formen und diese in die Vertiefungen geben. Die Oberfläche mit **Sesam** bestreuen. Ein Backpapier über das Muffinblech legen. Das Blech in eine große Plastiktüte geben und über Nacht in den Kühlschrank stellen.

Am nächsten Morgen den Backofen auf 200 °C Ober- und Unterhitze erhitzen. Das Muffinblech aus dem Kühlschrank nehmen, Plastiktüte und Backpapier entfernen und das Blech in den Backofen geben. Die **Brötchen** 25 Minuten backen.

Pro Stück:
164kcal | 7g EW | 2g F | 20g KH

Tipp: *Geben Sie in ein Schälchen je 1 EL Sesam, Mohn und Leinsamen und auf einen Unterteller etwas Wasser. Tauchen Sie die noch rohen Brötchenteiglinge zuerst ins Wasser und dann in die Saatenmischung, bevor Sie die Brötchen aufs Blech setzen.*

1

20 g
60 kcal | 4 g EW | 3 g F | 24 g

2

6 g
4 kcal | 0 g EW | 0 g F | 1 g KH

3

15 g
21 kcal | 2 g EW | 1 g F | 0 g KH

EIWEISS-FITNESS-BRÖTCHEN

8 Stück	**10 MIN** Zubereitung **30 MIN** Quellen **30 MIN** Backen	Salz, Brotgewürz, Apfelessig, Backpulver

160 g *Kokosmehl*

50 g *Flohsamenschalen*

2 *Eier (Größe M)*

Das **Kokosmehl** und die **Flohsamenschalen** mit ½ TL **Salz** und 1 TL **Brotgewürz** (Anis, Fenchel, Koriander, Kümmel, z. B. von Alnatura) vermischen. Die **Eier**, 300 ml Wasser und 2 EL **Apfelessig** dazugeben und alles mit den Händen vermengen. Den **Teig** 30 Minuten quellen lassen.

Den Backofen auf 170 °C Ober- und Unterhitze vorheizen. 2 TL **Backpulver** unter den **Teig** mischen, kurz verkneten und daraus 8 **Brötchen** formen. Die **Brötchen** auf ein mit Backpapier ausgelegtes Blech setzen und etwa 30 Minuten backen.

Pro Stück:
85 kcal | 6 g EW | 4 g F | 25 g KH

BRAVO

1

150 g
150 kcal | 23 g EW | 1 g F | 0 g KH

2

63 g
31 kcal | 2 g EW | 1 g F | 3 g KH

3

100 g
37 kcal | 1 g EW | 0 g F | 6 g KH

4

15 g
5 kcal | 0 g EW | 0 g F | 1 g KH

5

50 g
152 kcal | 5 g EW | 0 g F | 37 g KH

6

5 g
44 kcal | 0 g EW | 5 g F | 0 g KH

INDISCHES HÄHNCHEN

mit Joghurt

2 Personen	**30 MIN** Zubereitung **1 STD** Marinieren	Currypulver, Salz

2 *kleine Hähnchenbrüste*

125 g *Joghurt (1,5 % Fett)*

1 *große rote Paprika*

½ *Zwiebel*

100 g *Basmatireis*

1 EL *Olivenöl*

Die **Hähnchenbrüste** abbrausen, trocken tupfen und in mundgerechte Stücke schneiden. Zusammen mit dem **Joghurt** und 2 EL **Currypulver** in eine Schale geben und vermengen. Im Kühlschrank für ca. 1 Stunde marinieren.

Die **Paprika** waschen und in 2 cm große Stücke schneiden. Die **Zwiebel** abziehen und fein hacken. Den **Basmatireis** nach Packungsanleitung gar ziehen.

Das **Öl** in einer beschichteten Pfanne erhitzen, **Zwiebeln** darin glasig dünsten, dann **Hähnchenfleisch** und **Paprika** hinzufügen und ca. 10 Minuten fertig garen.

Pro Person:
419 kcal | 31 g EW | 7 g F | 47 g KH

MAROKKANISCHE CALAMARI

mit Bulgur

1

50 g
163 kcal | 5 g EW | 1 g F | 34 g KH

2

125 g
103 kcal | 20 g EW | 1 g F | 2 g KH

3

50 g
43 kcal | 4 g EW | 0 g F | 6 g KH

4

5 g
44 kcal | 0 g EW | 5 g F | 0 g KH

5

100 g
19 kcal | 1 g EW | 0 g F | 3 g KH

2 Personen	30 MIN Zubereitung	Harissa, Salz, Pfeffer

100 g *Bulgur (Weizen)*

250 g *TK-Tintenfischringe (natur)*

100 g *TK-Erbsen*

1 EL *Olivenöl*

200 g *stückige Tomaten (aus der Dose)*

Den **Bulgur** in eine Schüssel geben, salzen und mit kochend heißem Wasser übergießen, sodass er vollständig bedeckt ist. Etwa 5–10 Minuten quellen lassen.

Die **Tintenfischringe** und **Erbsen** antauen lassen. Das **Öl** in einem Topf erhitzen und die **Tintenfischringe** unter Wenden etwa 2–3 Minuten anbraten, dann herausnehmen und beiseitestellen. **Erbsen**, **Tomaten** und 1 TL **Harissa** in den Topf geben und offen einige Minuten bei mittlerer Hitze garen. Die **Tintenfische** dazugeben und weitere 5 Minuten mitgaren. Mit **Salz** und **Pfeffer** abschmecken.

Pro Person:
372 kcal | 30 g EW | 7 g F | 45 g KH

40 g
34 kcal | 3 g EW | 0 g F | 5 g KH

1

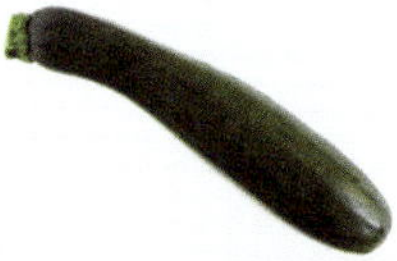

100 g
21 kcal | 2 g EW | 0 g F | 2 g KH

2

20 g
6 kcal | 0 g EW | 0 g F | 1 g KH

3

10 g
88 kcal | 0 g EW | 10 g F | 0 g KH

4

50 g
175 kcal | 4 g EW | 0 g F | 39 g KH

5

125 ml
28 kcal | 1 g EW | 3 g F | 1 g KH

6

RISI E BISI
mit Zucchini

2 Personen	**35 MIN** Zubereitung	Salz, Pfeffer

80 g *TK-Erbsen*

200 g *Zucchini*

1 *kleine Zwiebel*

2 EL *Olivenöl*

100 g *Risottoreis*

250 ml *Gemüsebrühe*

Die **Erbsen** antauen lassen. Die **Zucchini** waschen und würfeln. Die **Zwiebel** abziehen und fein hacken. Alles in einen Topf geben und in 1 EL heißem **Öl** andünsten, dann herausnehmen. Das restliche **Öl** in dem Topf erhitzen, den **Reis** hinzugeben und kurz andünsten.

Die **Brühe** angießen, sodass der **Reis** vollständig bedeckt ist. Offen köcheln lassen, dabei ab und zu umrühren. Die restliche **Brühe** nach und nach zugeben.

Nach ca. 20 Minuten das **Gemüse** unterrühren und das **Risotto** weitere 5 Minuten garen. Mit **Salz** und **Pfeffer** abschmecken.

Pro Person:
352 kcal | 10 g EW | 13 g F | 48 g KH

Tipp: *Anstelle von Möhren können Sie auch die gleiche Menge Paprika verwenden.*

1

240 g
187 kcal | 18 g EW | 1 g F | 25 g KH

2

100 g
25 kcal | 2 g EW | 0 g F | 3 g KH

3

125 g
46 kcal | 3 g EW | 0 g F | 3 g KH

4

180 g
58 kcal | 2 g EW | 0 g F | 12 g KH

5

10 g
88 kcal | 0 g EW | 10 g F | 0 g KH

6

30 g
25 kcal | 0 g EW | 2 g F | 2 g KH

KROATISCHER BOHNENEINTOPF

2 Personen	**35 MIN** Zubereitung	Salz, Pfeffer

480 g *weiße Riesenbohnen (aus der Dose)*

1 *Stange Lauch*

1 *kleine Zucchini*

4 *Möhren*

2 EL *Olivenöl*

60 g *Ajvar*

Die **Bohnen** auf ein Sieb geben und abtropfen lassen.

Den **Lauch** waschen und in dünne Ringe schneiden. Die **Zucchini** waschen, längs vierteln und in Scheiben schneiden. Die **Möhren** schälen und ebenfalls in Scheiben schneiden.

Das **Öl** in einem Topf erhitzen, erst den **Lauch** andünsten, dann das restliche **Gemüse** und die **Bohnen** zugeben und kurz anbraten. Mit etwa 700 ml Wasser ablöschen, aufkochen, **Ajvar** hineingeben und ca. 15 Minuten offen köcheln lassen. Nach Belieben mit **Salz** und **Pfeffer** würzen.

Pro Person:
429 kcal | 25 g EW | 13 g F | 45 g KH

1

40 g
136 kcal | 4 g EW | 0 g F | 28 g KH

2

150 g
38 kcal | 9 g EW | 11 g F | 41 g KH

3

100 g
19 kcal | 1 g EW | 0 g F | 3 g KH

4

120 g
20 kcal | 1 g EW | 0 g F | 3 g KH

5

10 g
88 kcal | 0 g EW | 10 g F | 0 g KH

PERLGRAUPENSUPPE

mit Gemüse

2 Personen	**1 STD** Zubereitung	frische glatte Petersilie, Salz, Pfeffer

80 g *Perlgraupen*

300 g *TK-Suppengrün*

1 *Fenchelknolle*

2 *Tomaten*

2 EL *Rapsöl*

Die **Perlgraupen** kalt abspülen und in 500 ml gesalzenem Wasser etwa 40 Minuten garen, dann abtropfen.

Das **Suppengrün** antauen lassen. Den **Fenchel** waschen, halbieren und würfeln. Die **Tomaten** über Kreuz einritzen, in ein Schälchen geben und mit mit kochend heißem Wasser überbrühen. Nach ca. 10 Minuten die Haut abziehen, **Tomaten** halbieren und würfeln.

Das **Öl** in einem Topf erhitzen, **Suppengemüse** und **Fenchelwürfel** darin andünsten. Die **Perlgraupen** und **Tomaten** hinzugeben. Mit Wasser angießen und ca. 5–10 Minuten köcheln lassen. 4 EL gehackte glatte **Petersilie** unterrühren und kräftig mit **Salz** und **Pfeffer** abschmecken.

Pro Portion:
301 kcal | 15 g EW | 21 g F | 75 g KH

MEDITERRANER OFENFISCH

2 Personen	**1** Auflaufform **20 MIN** Zubereitung **50 MIN** Backen	Paprikapulver (edelsüß), Salz, Pfeffer

600 g *Wurzelgemüse (Möhre, Petersilie, Pastinake)*

1 *grüne Paprika*

3 EL *Olivenöl*

Saft von **1** *Zitrone*

2 *Fleischtomaten*

300 g *Kabeljaufilet*

Den Backofen auf 200 °C Ober- und Unterhitze vorheizen. Das **Wurzelgemüse** schälen und in Scheiben schneiden. Die **Paprika** waschen und in Stücke schneiden. Das **Gemüse** in eine große Auflaufform geben. Mit 1 TL **Paprikapulver**, etwas **Salz** und **Pfeffer**, **Öl** und 3 EL **Zitronensaft** vermengen. Etwa 30 Minuten im Backofen schmoren lassen.

Die **Tomaten** waschen und in Scheiben schneiden. Das **Fischfilet** waschen, trocken tupfen und in mittelgroße Stücke schneiden. Mit dem restlichen **Zitronensaft** beträufeln und **salzen**.

Die Form aus dem Ofen nehmen. Den **Fisch** unter das **Gemüse** heben. Die **Tomaten** gleichmäßig auf den übrigen Zutaten verteilen. Weitere 20 Minuten schmoren lassen, bis das **Gemüse** gar ist.

Pro Person:
426 kcal | 48 g EW | 17 g F | 27 g KH

1

300 g
117 kcal | 9 g EW | 1 g F | 18 g KH

2

80 g
15 kcal | 10 g EW | 0 g F | 2 g KH

3

15 g
132 kcal | 0 g EW | 15 g F | 0 g KH

4

30 g
11 kcal | 0 g EW | 0 g F | 2 g KH

5

200 g
34 kcal | 2 g EW | 0 g F | 5 g KH

6

150 g
117 kcal | 27 g EW | 1 g F | 0 g KH

1

200 g
146 kcal | 4 g EW | 0 g F | 31 g KH

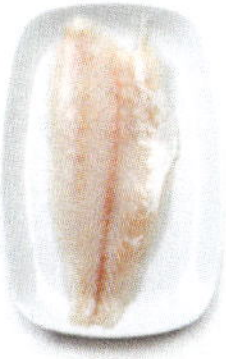

2

125 g
133 kcal | 23 g EW | 5 g F | 0 g KH

3

10 g
4 kcal | 0 g EW | 0 g F | 1 g KH

4

15 g
132 kcal | 0 g EW | 15 g F | 0 g KH

5

100 g
73 kcal | 14 g EW | 0 g F | 3 g KH

PANNFISCH

„Seemannsschmaus"

2 Personen	**40 MIN** Zubereitung	frische Küchenkräuter (z. B. Dill, Petersilie und Schnittlauch), Salz, Pfeffer

400 g *Kartoffeln (vorwiegend festkochend)*

250 g *Rotbarschfilet (alternativ: Seelachsfilet)*

2 EL *Zitronensaft*

3 EL *Rapsöl*

200 g *Magerquark*

Kartoffeln waschen und in gesalzenem Wasser 20 Minuten garen. Abgießen, auskühlen lassen und pellen. Dann in Scheiben schneiden.

Fischfilet kalt abbrausen, trocken tupfen und in mundgerechte Stücke schneiden. Mit **Zitronensaft**, **Salz** und **Pfeffer** würzen.

2 EL **Öl** in einer beschichteten Pfanne erhitzen, die **Kartoffeln** darin braten. Herausnehmen und warm stellen. Den **Fisch** in derselben Pfanne braten, dann die **Kartoffeln** zurück in die Pfanne geben und alles mit **Salz** und **Pfeffer** würzen.

Den **Quark** mit 1 EL **Öl** cremig rühren, dann mit 4 EL frisch gehackten **Küchenkräutern**, **Salz** und **Pfeffer** abschmecken.

Pro Person:
488 kcal | 41 g EW | 20 g F | 35 g KH

Tipp: *Statt Kürbis können Sie auch Zucchini oder Auberginen oder eine Mischung dieser Gemüsesorten verwenden.*

1

250 g
183 kcal | 5 g EW | 0 g F | 39 g KH

2

200 g
50 kcal | 2 g EW | 0 g F | 10 g KH

3

30 g
8 kcal | 0 g EW | 0 g F | 2 g KH

4

10 g
88 kcal | 0 g EW | 10 g F | 0 g KH

5

120 g
20 kcal | 1 g EW | 0 g F | 3 g KH

INDISCHES CURRY

mit Kartoffeln und Kürbis

1 Person	**30 MIN** Zubereitung	Currypulver, Salz, Pfeffer

250 g *Kartoffeln (festkochend)*

200 g *Hokkaidokürbis*

½ *Zwiebel*

1 EL *Olivenöl*

1 *Tomate*

MITTAGESSEN

Die **Kartoffeln** schälen und in Würfel schneiden. Den **Hokkaidokürbis** gründlich waschen und putzen (die Schale darf dranbleiben), dann würfeln. Die **Zwiebel** abziehen und fein hacken.

Das **Öl** in einer beschichteten Pfanne erhitzen. Die **Zwiebel-**, **Kürbis-** und **Kartoffelwürfel** darin andünsten, mit 1 TL **Currypulver** würzen und ca. 15 Minuten zugedeckt bei niedriger Temperatur garen. Eventuell etwas Wasser dazugeben.

Tomate waschen, halbieren und in Spalten schneiden. Zum **Kartoffel-Kürbis-Curry** geben und weitere 5 Minuten garen. Mit **Salz** und **Pfeffer** abschmecken.

Pro Person:
349 kcal | 8 g EW | 10 g F | 54 g KH

GEBRATENE ASIA-NUDELN

1 Person	**25 MIN** Zubereitung	frischer Koriander, Pfeffer

50 g *Mie-Nudeln*

150 g *Möhren*

50 g *Lauch*

50 g *Mungobohnensprossen (aus dem Glas)*

1 EL *Rapsöl*

2 EL *Sojasauce*

Die **Mie-Nudeln** nach Packungsanleitung in heißes Wasser geben und gar ziehen, auf einem Sieb abgießen.

Die **Möhren** schälen und in feine Streifen hobeln. Den **Lauch** waschen und in Ringe schneiden. Die **Mungobohnensprossen** ebenfalls abtropfen lassen.

Das **Rapsöl** in einem Wok erhitzen. **Möhren**, **Lauch**, **Nudeln** und **Mungobohnensprossen** nacheinander in den Wok geben und unter Rühren anbraten. Mit **Sojasauce** und **Pfeffer** würzen und mit 1 EL frisch gehacktem **Koriander** garnieren.

Pro Person:
483 kcal | 21 g EW | 12 g F | 71 g KH

1

50 g
174 kcal | 5 g EW | 1 g F | 36 g KH

2

150 g
49 kcal | 1 g EW | 0 g F | 10 g KH

3

50 g
13 kcal | 1 g EW | 0 g F | 2 g KH

4

50 g
137 kcal | 12 g EW | 0 g F | 21 g KH

5

10 g
88 kcal | 0 g EW | 10 g F | 0 g KH

6

20 g
22 kcal | 2 g EW | 1 g F | 2 g KH

Tipp: *Bei einer Zugabe von 30 g Feta pro Person (86 kcal | 5 g EW | 7 g F | 1 g KH) bleiben Sie unter der Kaloriengrenze und verleihen dem Gericht einen zusätzlichen Geschmacks-Kick.*

BULGUR-LINSEN-PFANNE

mit grünen Bohnen

2 Personen	**60 MIN** Zubereitung **über Nacht** Einweichen	Salz, Pfeffer

50 g *kleine braune Linsen*

120 g *Bulgur*

1 *rote Zwiebel*

100 g *TK-Stangenbohnen*

2 EL *Olivenöl*

2 EL *Zitronensaft*

Die **Linsen** über Nacht einweichen und in reichlich Wasser ca. 45 Minuten garen. Auf einem Sieb abgießen.

Den **Bulgur** in eine Schüssel geben, **salzen** und mit kochend heißem Wasser übergießen, sodass er vollständig bedeckt ist. Etwa 5–10 Minuten quellen lassen. **Zwiebel** abziehen und fein hacken. **Stangenbohnen** antauen lassen, dann halbieren.

Das **Öl** in einer beschichteten Pfanne erhitzen. Die **Zwiebel** darin glasig dünsten. **Stangenbohnen** und abgetropfte **Linsen** hinzugeben und anbraten. Mit **Zitronensaft**, **Salz** und **Pfeffer** abschmecken. Zum Schluss den **Bulgur** untermengen.

Pro Person:

407 kcal | 14 g EW | 10 g F | 61 g KH

1

25 g
68 kcal | 6 g EW | 0 g F | 10 g KH

2

60 g
195 kcal | 5 g EW | 0 g F | 41 g KH

3

30 g
8 kcal | 0 g EW | 0 g F | 2 g KH

4

50 g
44 kcal | 3 g EW | 0 g F | 7 g KH

5

10 g
88 kcal | 0 g EW | 10 g F | 0 g KH

6

10 g
4 kcal | 0 g EW | 0 g F | 1 g KH

MITTAGESSEN

1

30 g
104 kcal | 3 g EW | 0 g F | 21 g KH

2

150 g
144 kcal | 32 g EW | 1 g F | 0 g KH

3

150 g
132 kcal | 10 g EW | 1 g F | 16 g KH

4

150 g
22 kcal | 1 g EW | 0 g F | 4 g KH

5

20 g
6 kcal | 0 g EW | 0 g F | 1 g KH

6

10 g
88 kcal | 0 g EW | 10 g F | 0 g KH

HÄHNCHEN-PFANNE

„tricolore"

1 Person	**30 MIN** Zubereitung	Hähnchengrillgewürz, Salz, Pfeffer

30 g *Penne*

150 g *Hähnchenbrustfilet*

150 g *TK-Stangenbohnen*

1 *große Tomate*

½ *rote Zwiebel*

1 EL *Rapsöl*

Die **Penne** in gesalzenem Wasser nach Packungsanleitung bissfest kochen. Das **Hähnchenbrustfilet** kalt abbrausen und trocken tupfen, mit 1 TL **Hähnchengrillgewürz** einreiben. **Stangenbohnen** antauen lassen. **Tomate** waschen, halbieren und würfeln. **Zwiebel** abziehen und fein hacken.

Das **Öl** in einer beschichteten Pfanne erhitzen, **Hähnchenbrustfilet** erst scharf darin anbraten, dann 10 Minuten bei niedriger Hitze garen. Die **Zwiebeln** dazugeben und glasig dünsten. Die **Stangenbohnen** und **Tomatenwürfel** unterrühren, alles mit **Salz** und **Pfeffer** würzen und weitere 10 Minuten zugedeckt garen. Die **Penne** abgießen und unter das **Gemüse** mischen.

Pro Person:
496 kcal | 46 g EW | 12 g F | 42 g KH

SPAGHETTI „AL POMODORO“

mit Garnelen

1

50 g
46 kcal | 9 g EW | 1 g F | 0 g KH

2

50 g
174 kcal | 6 g EW | 0 g F | 35 g KH

3

20 g
6 kcal | 0 g EW | 0 g F | 1 g KH

4

10 g
88 kcal | 0 g EW | 10 g F | 0 g KH

5

100 g
19 kcal | 1 g EW | 0 g F | 3 g KH

6

1 g
4 kcal | 0 g EW | 0 g F | 1 g KH

1 Person	**20 MIN** Zubereitung	Salz, Pfeffer

50 g *TK-Garnelen*

50 g *Spaghetti*

½ *Zwiebel*

1 EL *Olivenöl*

100 g *stückige Tomaten (aus der Dose)*

1 *Prise Zucker*

Die **Garnelen** auftauen. Die **Spaghetti** nach Packungsanleitung in leicht gesalzenem Wasser bissfest kochen.

Die **Zwiebel** abziehen und fein hacken. **Öl** in einer beschichteten Pfanne erhitzen. **Zwiebel** darin glasig dünsten. **Garnelen** hinzufügen und von beiden Seiten anbraten. Mit den stückigen **Tomaten** ablöschen. Mit **Zucker**, **Salz** und **Pfeffer** abschmecken.

Die **Spaghetti** abgießen und mit der **Garnelen-Tomatensauce** in einem tiefen Teller servieren.

Pro Person:
337 kcal | 16 g EW | 11 g F | 40 g KH

Tipp: *Anstelle von Bulgur können Sie auch Reis, Hirse, Couscous oder Quinoa verwenden.*

1

40 g
130 kcal | 4 g EW | 0 g F | 28 g KH

2

180 g
54 kcal | 2 g EW | 0 g F | 10 g KH

3

150 g
25 kcal | 1 g EW | 0 g F | 5 g KH

4

75 g
124 kcal | 14 g EW | 8 g F | 1 g KH

GEFÜLLTE PAPRIKA

mit Bulgur-Tomaten-Mix

2 Personen	**1** Auflaufform **30 MIN** Zubereitung **40 MIN** Backen	Öl für die Form, frische glatte Petersilie, Garam Masala, Salz, Pfeffer

80 g *Bulgur*

2 *große gelbe Paprika*

300 g *Tomaten*

150 g *Feta (ca. 10 % Fett)*

Den Backofen auf 200 °C Ober- und Unterhitze vorhheizen. Eine Auflaufform mit etwas **Öl** einfetten. Den **Bulgur** in eine Schüssel geben, **salzen** und mit kochend heißem Wasser übergießen, sodass er vollständig bedeckt ist. Etwa 5-10 Minuten quellen lassen.

Die **Paprika** waschen, halbieren, Stielansatz und Trennwände entfernen. Die **Tomaten** waschen, halbieren und würfeln. Den **Feta** mit einer Gabel zerbröseln.

Bulgur mit den **Tomatenwürfeln**, 2 EL gehackter glatter **Petersilie** und dem **Feta** mischen. Mit 1 TL **Garam Masala**, **Salz** und **Pfeffer** würzen.

Die **Paprikahälften** in die Auflaufform setzen und mit der **Bulgurmasse** füllen. Auf mittlerer Schiene ca. 40 Minuten backen.

Pro Person:
333 kcal | 21 g EW | 8 g F | 44 g KH

Tipp: *Dazu passt 1 kleine Scheibe Baguette (10g: 28kcal | 1g EW | 0g F | 6g KH).*

1

200 g
34 kcal | 2 g EW | 0 g F | 5 g KH

2

200 g
34 kcal | 2 g EW | 0 g F | 5 g KH

3

10 g
88 kcal | 0 g EW | 10 g F | 0 g KH

4

150 g
310 kcal | 31 g EW | 21 g F | 0 g KH

5

20 g
8 kcal | 0 g EW | 0 g F | 2 g KH

HACKFLEISCHPFANNE

„orientalisch"

2 Personen	**25 MIN** Zubereitung	2 Knoblauchzehen, Köfte-Gewürz (alternativ: Garam Masala), Salz, Pfeffer

1 *große Aubergine*

2 *große Tomaten*

2 EL *Olivenöl*

300 g *Rinderhackfleisch*

4 EL *Tomatenmark*

Die **Knoblauchzehen** abziehen und fein hacken. Die **Aubergine** waschen, Stielansatz wegschneiden und in große Würfel schneiden. Die **Tomaten** waschen, Stielansatz entfernen und ebenfalls grob würfeln.

Das **Öl** in einer beschichteten Pfanne erhitzen. **Rinderhack**, **Knoblauch** und 1 TL **Köfte-Gewürz** dazugeben und das **Fleisch** krümelig braten. Dann **Auberginen-** und **Tomatenwürfel** dazugeben und unterheben. Mit **Tomatenmark**, **Salz** und **Pfeffer** würzen. Das Ganze bei geschlossenem Deckel etwa 10 Minuten köcheln lassen.

Pro Person:

474 kcal | 35 g EW | 31 g F | 12 g KH

1

300 g
58 kcal | 8 g EW | 1 g F | 2 g KH

2

15 g
132 kcal | 0 g EW | 15 g F | 0 g KH

3

125 g
156 kcal | 9 g EW | 3 g F | 22 g KH

SPINATEINTOPF

mit Kichererbsen

2 Personen	**30 MIN** Zubereitung	2 Knoblauchzehen, gemahlener Kreuzkümmel, Paprikapulver (edelsüß), Sherryessig, Salz, Pfeffer

600 g *Spinat*

3 EL *Olivenöl*

250 g *Kichererbsen (aus der Dose)*

Spinat waschen und gründlich putzen. Den **Spinat** tropfnass in eine Pfanne geben und zugedeckt bei mittlerer Hitze garen, bis er zusammenfällt. Den **Spinat** aus der Pfanne nehmen, Wasser eventuell ausdrücken und den **Spinat** grob hacken. Den **Knoblauch** abziehen und fein hacken.

In derselben Pfanne das **Öl** erhitzen und **Spinat** zusammen mit den **Kichererbsen**, dem **Knoblauch** und ½ TL **Kreuzkümmel** hineingeben, mit **Salz** und **Pfeffer** würzen.

Den **Spinateintopf** bei schwacher Hitze weitere 10 Minuten köcheln lassen. Zum Schluss 1 TL **Sherryessig**, 2–3 EL Wasser und 1 ½ TL **Paprikapulver** hinzufügen und unter Rühren etwa 1 Minute garen.

Pro Person:
346 kcal | 17 g EW | 19 g F | 24 g KH

Tipp: *Dazu passt 1 Scheibe Ciabatta (25 g: 61 kcal | 2 g EW | 0 g F | 12 g KH).*

1

125 g
280 kcal | 27 g EW | 19 g F | 0 g KH

2

150 g
32 kcal | 3 g EW | 0 g F | 3 g KH

3

150 g
26 kcal | 1 g EW | 0 g F | 4 g KH

4

20 g
4 kcal | 0 g EW | 0 g F | 1 g KH

5

10 g
88 kcal | 0 g EW | 10 g F | 0 g KH

OFEN-THUNFISCH

auf Balsamico-Gemüse

1 Person	**1** Auflaufform **20 MIN** Zubereitung	Öl für die Form, frischer Basilikum, Salz, Pfeffer

1 *Scheibe frischer Thunfisch (etwa 1 cm dick)*

½ *Zucchini*

150 g *Tomaten*

2 EL *Aceto balsamico*

1 EL *Olivenöl*

Den Backofen auf 250 °C Ober- und Unterhitze vorheizen. Eine ofenfeste Form mit etwas **Öl** ausstreichen. Den **Thunfisch** mit **Salz** und **Pfeffer** würzen und in die Form legen.

2 Zweige **Basilikum** abbrausen, trocken tupfen und in feine Streifen schneiden. Die **Zucchini** waschen und fein würfeln. Die **Tomaten** waschen und ebenfalls in kleine Würfel schneiden.

Zucchini und **Tomaten** mit **Basilikum**, **Aceto balsamico** und dem **Öl** vermengen und nach Belieben mit **Salz** und **Pfeffer** würzen. Auf dem **Thunfisch** verteilen. **Thunfisch** in den Ofen geben und diesen auf 220 °C herunterregulieren, dann alles noch etwa 7 Minuten schmoren, bis das **Gemüse** leicht gebräunt ist.

Pro Person:
430 kcal | 31 g EW | 29 g F | 8 g KH

Tipp: *Dazu schmecken Salzkartoffeln (200 g: 172 kcal | 4 g EW | 0 g F | 38 g KH) oder auch Reis (50 g (Rohgewicht): 175 kcal | 3 g EW | 0 g F | 39 g KH).*

1

50 g
14 kcal | 1 g EW | 0 g F | 2 g KH

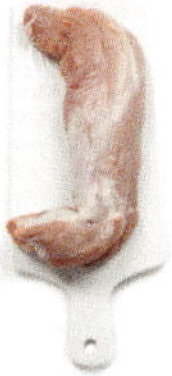

2

150 g
160 kcal | 33 g EW | 3 g F | 0 g KH

3

5 g
44 kcal | 0 g EW | 5 g F | 0 g KH

4

140 g
22 kcal | 2 g EW | 0 g F | 1 g KH

5

100 ml
22 kcal | 1 g EW | 2 g F | 1 g KH

6

15 g
13 kcal | 0 g EW | 1 g F | 1 g KH

KROATISCHE FEUERPFANNE

mit Sauerkraut

2 Personen	**25 MIN** Zubereitung	Paprikapulver (edelsüß), gemahlener Kümmel, Salz, Pfeffer

2 *Zwiebeln*

300 g *Schweinefilet*

1 EL *Rapsöl*

1 *kleine Dose Sauerkraut (Abtropfgewicht 280 g)*

200 ml *Gemüsebrühe*

3 EL *Ajvar (scharf)*

Die **Zwiebeln** abziehen und in feine Spalten schneiden. Das **Schweinefilet** kalt abbrausen, trocken tupfen und zuerst in Scheiben, diese dann längs in Streifen schneiden.

Das **Öl** in einer beschichteten Pfanne erhitzen, **Zwiebeln** darin glasig dünsten. Die **Filetstreifen** darin unter Rühren bei mittlerer Hitze 2-3 Minuten anbraten.

Sauerkraut, **Brühe** und **Ajvar** dazugeben, alles gut verrühren. Mit je 1 TL **Paprikapulver** und **Kümmel** würzen, mit **Salz** und **Pfeffer** abschmecken. Alles bei mittlerer Hitze 6-8 Minuten kochen lassen.

Pro Person:
275 kcal | 37 g EW | 11 g F | 5 g KH

1

250 g
180 kcal | 5 g EW | 0 g F | 38 g KH

2

15 g
132 kcal | 0 g EW | 15 g F | 0 g KH

3

120 g
130 kcal | 27 g EW | 2 g F | 0 g KH

4

50 g
14 kcal | 1 g EW | 0 g F | 2 g KH

5

150 g
32 kcal | 3 g EW | 0 g F | 3 g KH

WÜRZIGE FILETSPIESSE
mit Zucchini

1 Person	**35 MIN** Zubereitung **30 MIN** Backen	Harissa, Salz, Pfeffer

250 g *Kartoffeln*

3 TL *Olivenöl*

120 g *Schweinefilet*

1 *rote Zwiebel*

150 g *Zucchini*

Den Backofen auf 200 °C Ober- und Unterhitze vorheizen. Die **Kartoffeln** schälen und in 1-2 cm kleine Würfel schneiden. Mit 2 TL **Öl**, **Salz**, **Pfeffer** und 1 TL **Harissa** vermengen. Auf einem Backblech gleichmäßig verteilen und auf der mittleren Schiene etwa 30 Minuten backen. Zwischendurch einmal durchmischen.

Das **Schweinefilet** kalt abbrausen, trocken tupfen und in 3 gleich dünne Medaillons schneiden. Eine beschichtete Grillpfanne mit dem restlichen **Öl** erhitzen. Die **Medaillons** von beiden Seiten etwa 5 Minuten anbraten. Die **Zwiebel** abziehen und in Sechstel schneiden. Die **Zucchini** waschen und in Scheiben schneiden. Auf 3 Holzspieße jeweils abwechselnd **Zwiebel**, **Zucchini** und **Schweinemedaillon** aufstechen.

Pro Person:
488 kcal | 37 g EW | 18 g F | 43 g KH

Tipp: *Streuen Sie frisch gehackte glatte Petersilie auf die fertigen Penne. Anstelle von Pilzen können Sie auch Zucchini verwenden, dann passt frischer Thymian sehr gut dazu.*

PENNE

„ai funghi“

1

60 g
209 kcal | 8 g EW | 0 g F | 43 g KH

2

20 g
6 kcal | 1 g EW | 0 g F | 5 g KH

3

125 g
26 kcal | 5 g EW | 0 g F | 1 g KH

4

10 g
88 kcal | 0 g EW | 10 g F | 0 g KH

5

150 ml
26 kcal | 1 g EW | 0 g F | 4 g KH

6

20 g
75 kcal | 7 g EW | 5 g F | 0 g KH

1 Person | **25 MIN** Zubereitung | Salz, Pfeffer

60 g *Penne*

½ *Zwiebel*

125 g *braune Champignons*

1 EL *Olivenöl*

150 ml *passierte Tomaten*

20 g *frisch geriebener Parmesan (mind. 30 % Fett i. Tr.)*

Die **Penne** in leicht gesalzenem Wasser nach Packungsanleitung bissfest garen.

Die **Zwiebel** abziehen und fein hacken. Die **Champignons** gründlich putzen und dann in Scheiben schneiden.

Das **Öl** in einer beschichteten Pfanne erhitzen. **Zwiebeln** und **Champignons** darin anbraten, **salzen** und **pfeffern**. Dann bei geschlossenem Deckel weitere 3 Minuten garen. Die passierten **Tomaten** dazugeben und etwas einköcheln lassen. Mit **Salz** und **Pfeffer** abschmecken.

Die **Nudeln** abgießen und zusammen mit dem **Parmesan** unter die Sauce rühren.

Pro Person:
430 kcal | 22 g EW | 15 g F | 53 g KH

Tipp: *Geben Sie etwas körnigen Senf statt Ketchup oder Grillsauce auf das Brötchen.*

SAFTIGES STEAK-BRÖTCHEN

1

100 g
13 kcal | 1 g EW | 0 g F | 2 g KH

2

150 g
26 kcal | 1 g EW | 0 g F | 4 g KH

3

100 g
121 kcal | 21 g EW | 4 g F | 0 g KH

4

15 g
132 kcal | 0 g EW | 15 g F | 0 g KH

5

50 g
140 kcal | 5 g EW | 3 g F | 24 g KH

6

10 g
9 kcal | 0 g EW | 0 g F | 2 g KH

1 Person	**15 MIN** Zubereitung	Salz, Pfeffer

100 g *Eisbergsalat*

150 g *Tomaten*

1 *Rinderfiletsteak*

3 TL *Olivenöl*

1 *Hamburgerbrötchen*

1 EL *Aceto balsamico*

Den **Salat** waschen, ein Blatt auf Größe des Hamburgerbrötchens zur Seite legen. Den restlichen **Salat** in Streifen schneiden. Die **Tomaten** waschen und halbieren. Eine Scheibe herausschneiden und zur Seite legen, den Rest würfeln.

Das **Rinderfilet** kalt abbrausen, trocken tupfen, mit **Salz** und **Pfeffer** würzen. 1 TL **Öl** in einer Pfanne erhitzen, dann das **Rinderfilet** kurz von beiden Seiten darin anbraten.

Das **Hamburgerbrötchen** aufschneiden und die beiden Hälften toasten. Auf die untere Hälfte das **Salatblatt**, **Filetsteak** und die **Tomatenscheibe** geben, mit dem **Brötchendeckel** abschließen.

Den geschnittenen **Eisbergsalat** mit den **Tomatenwürfeln**, dem restlichen **Öl** und dem **Aceto balsamico** mischen. Mit **Salz** und **Pfeffer** würzen und zum **Steak-Brötchen** servieren.

Pro Person:

441 kcal | 28 g EW | 22 g F | 32 g KH

Tipp: *Statt der Möhren können Sie auch die gleiche Menge an weißen Riesenbohnen oder grünen Stangenbohnen verwenden. Dann passt am besten Bohnenkraut als Gewürz.*

1

200g
66kcal | 1g EW | 0g F | 14g KH

2

30g
11kcal | 0g EW | 0g F | 2g KH

3

20g
176kcal | 0g EW | 20g F | 0g KH

4

10g
5kcal | 0g EW | 0g F | 1g KH

5

125g
225kcal | 25g EW | 14g F | 0g KH

GEBRATENES LACHSFILET

mit Petersilien-Möhren

1 Person | **30 MIN** Zubereitung | gemahlener Kreuzkümmel, Salz, Pfeffer

200g *Möhren*

Saft von **½** *Zitrone*

½ *Bund glatte Petersilie*

2EL *Olivenöl*

125g *Lachsfilet*

Die **Möhren** schälen und in 1,5 cm breite Scheiben schneiden. In wenig leicht gesalzenem Wasser etwa 10 Minuten garen, sodass sie bissfest sind.

Den **Zitronensaft** mit 1½ EL **Öl** verrühren. Die **Petersilie** waschen, trocken tupfen und fein hacken, dann zum **Zitronenöl** geben. Mit ½ TL **Kreuzkümmel**, **Salz** und **Pfeffer** würzen.

Die **Möhren** abgießen, noch heiß zur **Marinade** geben und verrühren, dann ca. 5 Minuten darin ziehen lassen.

Das restliche **Öl** in einer beschichteten Pfanne auf mittlerer Stufe erhitzen und den **Lachs** darin 2-3 Minuten pro Seite anbraten. Mit **Salz** und **Pfeffer** abschmecken.

Pro Person:
483 kcal | 26g EW | 34g F | 17g KH

RINDERGULASCH

mit Penne

1

150 g
284 kcal | 31 g EW | 18 g F | 0 g KH

2

50 g
14 kcal | 1 g EW | 0 g F | 5 g KH

3

5 g
44 kcal | 0 g EW | 5 g F | 0 g KH

4

100 g
19 kcal | 1 g EW | 0 g F | 3 g KH

5

40 g
139 kcal | 5 g EW | 0 g F | 28 g KH

2 Personen	**70 MIN** Zubereitung	Paprikapulver (edelsüß), Salz, Pfeffer

300 g *Rindfleisch (aus der Schulter)*

2 *rote Zwiebeln*

1 EL *Rapsöl*

200 ml *passierte Tomaten*

80 g *Penne*

Das **Rindfleisch** kalt abbrausen, trocken tupfen und in kleine Würfel schneiden. Die **Zwiebeln** abziehen und in Streifen schneiden.

Das **Öl** in einem Schmortopf erhitzen, das **Fleisch** von allen Seiten darin anbraten, mit 1 EL **Paprikapulver** sowie **Salz** und **Pfeffer** würzen. Die **Zwiebeln** dazugeben und mit andünsten. Dann die passierten **Tomaten** und 200 ml Wasser dazugeben. Das Ganze bei niedriger Temperatur etwa 1 Stunde schmoren lassen, bis das **Fleisch** weich ist.

In der Zwischenzeit die **Penne** nach Packungsanleitung kochen, abgießen und zum **Gulasch** servieren.

Pro Person:

500 kcal | 38 g EW | 23 g F | 36 g KH

Tipp: *Dies ist die Wintervariante. Im Sommer lässt sich der Rosenkohl gut gegen grünen Spargel austauschen. Zum Frühjahr passt ein Mix aus Kohlrabi und Möhren und im Herbst jegliche Sorte von Kürbis.*

1

250 g
90 kcal | 11 g EW | 0 g F | 8 g KH

2

40 g
143 kcal | 4 g EW | 2 g F | 28 g KH

3

150 ml
33 kcal | 1 g EW | 2 g F | 2 g KH

4

80 g
117 kcal | 15 g EW | 5 g F | 3 g KH

5

20 g
19 kcal | 0 g EW | 2 g F | 1 g KH

6

10 g
88 kcal | 0 g EW | 10 g F | 0 g KH

BUNTE HIRSE-PFANNE

mit Tofu

1 Person | **40 MIN** Zubereitung | Salz, Pfeffer

250 g *Rosenkohl*

40 g *Hirse*

150 ml *Gemüsebrühe*

80 g *Räuchertofu*

20 g *getrocknete, in Öl eingelegte Tomaten*

1 EL *Rapsöl*

Den **Rosenkohl** waschen, den Strunk kreuzweise einschneiden und in leicht gesalzenem Wasser etwa 15 Minuten garen.

Inzwischen die **Hirse** in der **Brühe** zum Kochen bringen und nach Packungsanleitung quellen lassen.

Den **Räuchertofu** in feine Würfel schneiden. Die eingelegten **Tomaten** abtropfen und in Streifen schneiden.

Den **Rosenkohl** abgießen und die Röschen halbieren. Das **Öl** in einer Pfanne erhitzen, den **Rosenkohl** darin anbraten. Dann die **Tofuwürfel** untermischen und ebenfalls anbraten. Die **Tomaten** und die **Hirse** unterrühren.

Pro Person:
490 kcal | 31 g EW | 21 g F | 42 g KH

Tipp: *Essen Sie dazu 50 g Dinkelbaguette (126 kcal | 4 g EW | 1 g F | 24 g KH).*

100 g
25 kcal | 2 g EW | 0 g F | 3 g KH

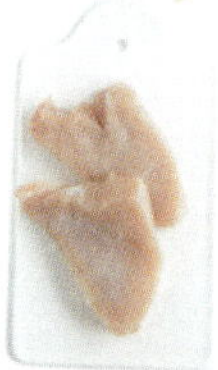

150 g
144 kcal | 33 g EW | 3 g F | 0 g KH

10 g
88 kcal | 0 g EW | 10 g F | 0 g KH

100 ml
22 kcal | 1 g EW | 2 g F | 1 g KH

200 g
40 kcal | 5 g EW | 0 g F | 2 g KH

30 g
21 kcal | 0 g EW | 2 g F | 1 g KH

PUTENSTEAK
„im Grünen"

1 Person | **30 MIN** Zubereitung | Salz, Pfeffer

100 g *Lauch*

1 *dünnes Putensteak*

1 EL *Rapsöl*

100 ml *Gemüsebrühe*

200 g *TK-Blattspinat*

3 EL *Hafersahne*

Den **Lauch** waschen und in feine Ringe schneiden. Das **Putensteak** kalt abbrausen und mit **Salz** und **Pfeffer** würzen.

Das **Öl** in einer beschichteten Pfanne erhitzen, das **Putensteak** von beiden Seiten kurz darin anbraten, beiseitestellen und warm halten. Die **Lauchringe** in den Bratensatz geben und kurz andünsten, dann mit der **Brühe** ablöschen. Den aufgetauten **Spinat** dazugeben und das Ganze etwa 3 Minuten garen. Mit der **Hafersahne** ablöschen, dann mit **Salz** und **Pfeffer** würzen und kurz durchziehen lassen. Das **Gemüse** auf einem Teller anrichten, das **Putensteak** darauf legen.

Pro Person:
340 kcal | 41 g E | 17 g F | 7 g KH

1

75g
13kcal | 2g EW | 0g F | 2g KH

2

150g
50kcal | 1g EW | 0g F | 10g KH

3

120g
88kcal | 2g EW | 0g F | 19g KH

4

10g
88kcal | 0g EW | 10g F | 0g KH

5

10g
4kcal | 0g EW | 0g F | 1g KH

6

40g
139kcal | 5g EW | 0g F | 28g KH

MINESTRONE

„all' italiana"

2 Personen | **40 MIN** Zubereitung | frischer Basilikum, Salz, Pfeffer

3 *Stangen Sellerie*

3 *Möhren*

2 *mittelgroße Kartoffeln*

2 EL *Olivenöl*

2 EL *Tomatenmark*

80 g *Suppennudeln (z. B. Muscheln)*

Den **Sellerie** waschen und in dünne Streifen schneiden. Die **Möhren** und **Kartoffeln** schälen und in kleine Würfel schneiden.

Das **Öl** in einem Topf erhitzen, **Gemüse** und **Kartoffeln** darin leicht anbraten. **Tomatenmark** hinzugeben, mit **Salz** und **Pfeffer** würzen und alles gut vermengen. Dann 600 ml Wasser dazugeben. Die **Minestrone** kurz aufkochen und dann bei mittlerer Hitze etwa 20 Minuten gar köcheln. Die letzten 5 Minuten die **Suppennudeln** dazugeben und mitkochen lassen. Zum Schluss mit 2 EL frisch gehacktem **Basilikum** bestreuen.

Pro Person:
382 kcal | 10g EW | 10g F | 60g KH

1

80 g
80 kcal | 6 g EW | 2 g F | 14 g KH

2

200 g
88 kcal | 1 g EW | 0 g F | 15 g KH

3

100 g
130 kcal | 1 g EW | 13 g F | 4 g KH

4

60 g
15 kcal | 2 g EW | 0 g F | 0 g KH

5

10 g
88 kcal | 0 g EW | 10 g F | 0 g KH

6

40 ml
17 kcal | 0 g EW | 0 g F | 3 g KH

SPINATSALAT

mit Grapefruit

1 Person	**15 MIN** Zubereitung	gemahlener Kreuzkümmel, Salz, Pfeffer

80 g *Kichererbsen (aus der Dose)*

½ *Grapefruit*

½ *Avocado*

2 *Handvoll Blattspinat*

1 EL *Olivenöl*

4 EL *Orangensaft*

Die **Kichererbsen** auf ein Sieb geben und abtropfen lassen.

Die **Grapefruit** filetieren, bei Bedarf noch einmal halbieren.

Die **Avocado** halbieren, Stein und Schale entfernen, das Fruchtfleisch würfeln. Den **Blattspinat** waschen, verlesen und trocken schleudern.

Alle Zutaten in eine Schale geben. Für das Dressing das **Öl** mit **Orangensaft**, etwas **Kreuzkümmel**, **Salz** und **Pfeffer** aufschlagen. Abschmecken und über den fertigen **Spinatsalat** geben.

Pro Person:
418 kcal | 10 g EW | 25 g F | 36 g KH

Tipp: *Gönnen Sie sich dazu ein kleines Steak (150 g: 257 kcal | 46 g EW | 8 g F | 0 g KH) oder 4 Scheiben kalten Schweinebratenaufschnitt (100 g: 128 kcal | 25 g EW | 3 g F | 0 g KH).*

KARTOFFELSALAT

„Bella italia“

2 Personen	**40 MIN** Zubereitung	**Weißweinessig, Salz, Pfeffer**

1

200g
146kcal | 4g EW | 0g F | 31g KH

2

40ml
1kcal | 0g EW | 0g F | 0g KH

3

60g
10kcal | 1g EW | 0g F | 2g KH

4

20g
5kcal | 1g EW | 0g F | 1g KH

5

10g
88kcal | 0g EW | 10g F | 0g KH

400g *Kartoffeln (vorwiegend festkochend)*

80ml *Gemüsebrühe*

120g *Cocktailtomaten*

40g *Rucola*

2EL *Olivenöl*

Die **Kartoffeln** waschen und in leicht gesalzenem Wasser etwa 20 Minuten kochen. Abgießen, pellen und würfeln.

Die **Brühe** erhitzen und mit 2 EL **Essig**, **Salz** und **Pfeffer** abschmecken. Dann über die **Kartoffelwürfel** gießen und kurz durchziehen lassen.

Die **Tomaten** und den **Rucola** waschen. Die **Tomaten** halbieren, den **Rucola** klein schneiden.

Kurz vor dem Servieren das **Öl** unter die **Kartoffelwürfel** mischen und die restlichen **Salatzutaten** unterheben.

Pro Portion:
250kcal | 6g EW | 10g F | 34g KH

Tipp: *Dazu schmeckt eine Scheibe Roggenvollkornbrot (50 g) mit Frischkäse, fettreduziert (25 g) (150 kcal / 7 g EW / 2 g F / 24 g KH).*

10 g
56 kcal | 3 g EW | 4 g F | 0 g KH

150 g
60 kcal | 2 g EW | 0 g F | 12 g KH

5 g
5 kcal | 1 g EW | 0 g F | 0 g KH

50 g
25 kcal | 2 g EW | 1 g F | 4 g KH

5 g
44 kcal | 0 g EW | 5 g F | 0 g KH

ROTE-BETE-CAPRESE

2 Personen | **20 MIN** Zubereitung | Meerrettich, Salz, Pfeffer

1. **3 EL** *Kürbiskerne*
2. **300 g** *Rote Bete (vakuumiert)*
3. **2 TL** *Sojasauce*
4. **100 g** *Joghurt (1,5 % Fett)*
5. **1 EL** *Kürbiskernöl*

Die **Kürbiskerne** grob mit einem großen Messer hacken und in einer Pfanne ohne Zugabe von Fett anrösten.

Die **Rote Bete** (am besten mit Einweghandschuhen) in dünne Scheiben schneiden. Die Scheiben kreisförmig auf 2 Tellern verteilen und mit **Sojasauce** beträufeln.

In den **Joghurt** das **Kürbiskernöl** und 1 TL **Meerrettich** einrühren. Mit **Salz** und **Pfeffer** abschmecken. Den **Joghurtdip** als Kleckse auf der **Roten Bete** verteilen und zum Schluss mit den gerösteten **Kürbiskernen** bestreuen.

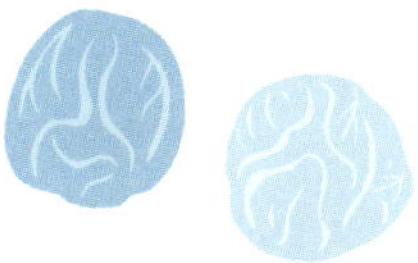

Pro Person:
190 kcal | 8 g EW | 10 g F | 16 g KH

Tipp: *Durch die Kartoffeln wird das Omelett zu einer kompletten Mahlzeit. Zum Sattwerden fügen Sie gerne noch 1-2 aufgeschnittene Tomaten oder anderes Rohkost-Gemüse hinzu.*

1

20 g
6 kcal | 0 g EW | 0 g F | 1 g KH

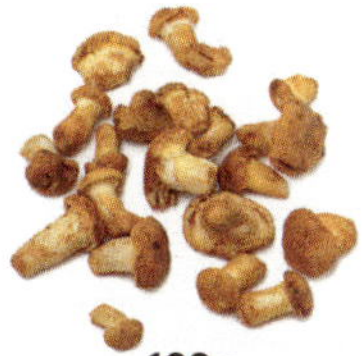

2

100 g
15 kcal | 2 g EW | 0 g F | 1 g KH

3

150 g
131 kcal | 3 g EW | 0 g F | 29 g KH

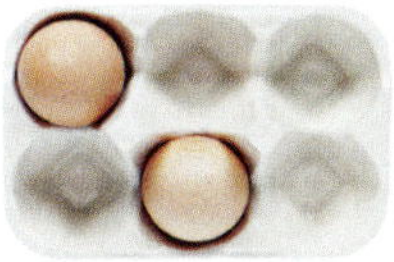

4

120 g
164 kcal | 14 g EW | 11 g F | 2 g KH

5

10 g
88 kcal | 0 g EW | 10 g F | 0 g KH

PFIFFERLINGS-OMELETT

1 Person | **15 MIN** Zubereitung | frische glatte Petersilie, Salz, Pfeffer

½ *Zwiebel*

100 g *Pfifferlinge*

150 g *gekochte Kartoffeln (vom Vortag)*

2 *Eier (Größe M)*

1 EL *Olivenöl*

Die **Zwiebel** abziehen und fein hacken. Die **Pfifferlinge** gründlich putzen, nicht waschen. Große **Pfifferlinge** eventuell vierteln oder halbieren.

Die **Kartoffeln** in 1 cm große Würfel schneiden. Die **Eier** in einer Schüssel aufschlagen und verrühren.

Das **Öl** in einer beschichteten kleinen Pfanne erhitzen, die **Zwiebeln** darin glasig dünsten. Dann die **Pfifferlinge** hinzugeben und kurz anbraten. Die **Kartoffelwürfel** untermengen. Mit 2 EL gehackter glatter **Petersilie**, **Salz** und **Pfeffer** würzen. Zum Schluss die **Eier** daraufgeben und stocken lassen. Das **Omelett** auf einen Teller gleiten lassen und dann von der anderen Seite braten.

Pro Person:
404 kcal | 19 g EW | 21 g F | 33 g KH

Tipp: *Wenn Sie davon nicht satt werden, können Sie auch die doppelte Menge essen, ohne dabei 500 kcal zu überschreiten.*

ROTE LINSENSUPPE

1

50 g
17 kcal | 0 g EW | 0 g F | 4 g KH

2

50 g
13 kcal | 1 g EW | 0 g F | 2 g KH

3

40 g
24 kcal | 0 g EW | 0 g F | 6 g KH

4

5 g
44 kcal | 0 g EW | 5 g F | 0 g KH

5

25 g
69 kcal | 6 g EW | 0 g F | 10 g KH

2 Personen	**35 MIN** Zubereitung	Currypulver, Salz

1 *große Möhre*

100 g *Lauch*

½ *säuerlicher Apfel (z. B. Boskop)*

1 EL *Rapsöl*

50 g *rote Linsen*

Die **Möhre** waschen, schälen und in ½ cm große Würfel schneiden. **Lauch** längs halbieren, waschen und in feine Streifen schneiden. Den **Apfel** waschen, vierteln, Kerngehäuse entfernen und klein würfeln.

Das **Öl** in einem Topf erhitzen, **Lauch** und **Möhre** 2 Minuten darin andünsten, dann **Apfel** und **Linsen** hinzufügen, alles mit 1 TL **Currypulver** würzen und kurz ziehen lassen. Dann mit 300 ml Wasser aufgießen und **salzen**.

Zugedeckt bei mittlerer Hitze ca. 25 Minuten kochen, bis die **Linsen** und das **Gemüse** weich sind. Bei Bedarf etwas Wasser nachgießen.

Pro Person:
167 kcal | 7 g EW | 5 g F | 22 g KH

ERFRISCHENDER QUINOASALAT

2 Personen	**35 MIN** Zubereitung	Salz, Pfeffer

60 g *Quinoa*

120 g *Cocktailtomaten*

½ *Avocado*

60 g *geputzter Blattsalat*

Saft von **½** *Zitrone*

2 EL *Olivenöl*

Quinoa in leicht gesalzenem Wasser etwa 20 Minuten garen, dann das Wasser abgießen und die **Quinoa** auf einem Sieb abtropfen lassen.

Die **Tomaten** waschen und halbieren. Die **Avocado** halbieren, Stein und Schale entfernen, das Fruchtfleisch würfeln.

Den **Blattsalat** auf 2 Teller verteilen. Die **Quinoamasse** in eine Schüssel geben, **Zitronensaft, Öl, Tomaten** und **Avocado** hinzugeben, alles mit **Salz** und **Pfeffer** abschmecken und gut vermengen. Die **Quinoa** mittig auf dem **Blattsalat** verteilen.

Pro Person:

280 kcal | 6 g EW | 19 g F | 25 g KH

1

30 g
107 kcal | 4 g EW | 2 g F | 19 g KH

2

60 g
10 kcal | 1 g EW | 0 g F | 2 g KH

3

50 g
65 kcal | 1 g EW | 7 g F | 2 g KH

4

30 g
4 kcal | 0 g EW | 0 g F | 1 g KH

5

15 g
6 kcal | 0 g EW | 0 g F | 1 g KH

6

10 g
88 kcal | 0 g EW | 10 g F | 0 g KH

GRÜNER HIRTENSALAT

1 Person	**35 MIN** Zubereitung	frische glatte Petersilie, Salz, Pfeffer

30 g *Hirse*

50 g *grüne Stangenbohnen*

80 g *Brokkoli*

50 g *Feta (fettreduziert)*

1 EL *Olivenöl*

2 EL *Zitronensaft*

Die **Hirse** in leicht gesalzenem Wasser 20 Minuten garen, auf ein Sieb geben und abtropfen lassen.

Die **Stangenbohnen** und den **Brokkoli** waschen, putzen und in leicht gesalzenem Wasser dünsten, sodass beides noch bissfest ist. Dann ebenfalls auf einem Sieb abtropfen.

Den **Feta** mithilfe einer Gabel sehr fein zerbröseln. **Hirse**, **Gemüse** und **Feta** auf einen Teller geben. **Öl**, **Zitronensaft** und 2 EL gehackte glatte **Petersilie** unterheben und alles nach Belieben mit **Salz** und **Pfeffer** würzen.

Pro Person:
324 kcal | 16 g EW | 16 g F | 27 g KH

1

30 g
107 kcal | 3 g EW | 1 g F | 20 g KH

2

50 g
17 kcal | 1 g EW | 0 g F | 3 g KH

3

80 g
22 kcal | 3 g EW | 0 g F | 3 g KH

4

50 g
83 kcal | 9 g EW | 5 g F | 0 g KH

5

10 g
88 kcal | 0 g EW | 10 g F | 0 g KH

6

20 g
7 kcal | 0 g EW | 0 g F | 1 g KH

1

250 g
182 kcal | 5 g EW | 0 g F | 39 g KH

2

150 g
31 kcal | 2 g EW | 0 g F | 2 g KH

3

10 g
88 kcal | 0 g EW | 10 g F | 0 g KH

4

60 g
82 kcal | 7 g EW | 6 g F | 0 g KH

SPIEGELEI

in Kartoffel-Zucchini-Ring

1 Person	**30 MIN** Zubereitung	frischer Thymian, Salz, Pfeffer

250 g *Kartoffeln (vorwiegend festkochend)*

150 g *Zucchini*

1 EL *Rapsöl*

1 *Ei (Größe M)*

Die **Kartoffeln** schälen und in Würfel schneiden. Die **Zucchini** waschen und würfeln.

Das **Öl** in einer beschichteten Pfanne erhitzen. Erst die **Kartoffelwürfel** darin andünsten, dann die **Zucchini** hinzugeben, alles mit **Salz**, **Pfeffer** und 1 EL gehacktem **Thymian** würzen und zugedeckt bei niedriger Temperatur ca. 15 Minuten garen. Eventuell 2-4 EL Wasser dazugeben.

Zum Schluss **Kartoffeln** und **Gemüse** zur Seite schieben. Das **Ei** hineinschlagen und zum **Spiegelei** braten. Das **Spiegelei** mittig auf einen Teller geben, **Kartoffel-** und **Zucchiniwürfel** in einem Kreis um das **Spiegelei** legen.

Pro Person:
383 kcal | 14 g EW | 16 g F | 41 g KH

Tipp: *Anstelle von einem Paar Würstchen (100 g: 261 kcal | 14 g EW | 23 g F | 0 g KH), braten Sie dazu lieber ein kleines Lachsfilet (100 g: 198 kcal | 22 g EW | 12 g F | 0 g KH). Letzteres ist reich an gesunden Omega-3-Fettsäuren.*

1

250 g
190 kcal | 5 g EW | 0 g F | 39 g KH

2

150 g
18 kcal | 1 g EW | 0 g F | 3 g KH

3

20 g
4 kcal | 0 g EW | 0 g F | 1 g KH

4

100 g
49 kcal | 4 g EW | 2 g F | 5 g KH

5

10 g
8 kcal | 1 g EW | 0 g F | 1 g KH

LEICHTER KARTOFFEL-GURKEN-SALAT

2 Personen	**40 MIN** Zubereitung **2 STD** Durchziehen	frischer Dill, Salz, Pfeffer

500 g *Kartoffeln (vorwiegend festkochend)*

½ Gurke

1 *kleine Zwiebel*

200 g *Joghurt (1,5 % Fett)*

2 EL *Senf*

Kartoffeln waschen und in leicht gesalzenem Wasser etwa 20 Minuten garen. Abgießen, abschrecken, pellen und dann in Scheiben schneiden.

Gurke waschen, schälen und in Scheiben schneiden. **Zwiebel** abziehen und sehr fein hacken. Aus **Joghurt**, **Senf**, **Salz** und **Pfeffer** eine Marinade zubereiten. Marinade mit **Kartoffel-** und **Gurkenscheiben** sowie **Zwiebeln** verrühren. Nach Belieben mit 4 EL gehacktem **Dill** garnieren.

Pro Person:
269 kcal | 11 g EW | 2 g F | 49 g KH

20 g
70 kcal | 2 g EW | 0 g F | 15 g KH

50 g
16 kcal | 0 g EW | 0 g F | 3 g KH

75 g
21 kcal | 3 g EW | 0 g F | 2 g KH

50 g
65 kcal | 15 g EW | 0 g F | 1 g KH

10 g
88 kcal | 0 g EW | 10 g F | 0 g KH

BUNTER REISSALAT

2 Personen	**30 MIN** Zubereitung **1 STD** ziehen lassen	frischer Schnittlauch, Apfelessig, Salz, Pfeffer

1 **40 g** *Basmatireis*

2 **100 g** *Möhren*

3 **150 g** *Brokkoli (alternativ: Blumenkohl)*

4 **100 g** *Harzer Käse (Magerstufe)*

5 **2 EL** *Rapsöl*

Den **Basmatireis** nach Packungsanleitung in leicht gesalzenem Wasser etwa 15 Minuten garen.

Die **Möhren** schälen und in dünne Scheiben schneiden. **Brokkoli** waschen, putzen und die **Röschen** in mundgerechte Stücke zerkleinern. **Möhren** und **Brokkoli** in leicht gesalzenem Wasser bissfest garen.

Den **Harzer Käse** in Würfel schneiden. Den **Käse** zusammen mit dem **Reis**, dem **Gemüse** und 2 EL gehacktem **Schnittlauch** in eine Schüssel geben und vermengen. 2 EL **Apfelessig** und **Öl** unterrühren. Mit **Salz** und **Pfeffer** abschmecken. Den **Salat** vor dem Verzehr 1 Stunde durchziehen lassen.

Pro Portion:
260 kcal | 20 g EW | 10 g F | 21 g KH

200g
66kcal | 1g EW | 0g F | 14g KH

10g
88kcal | 0 EW | 10g F | 0g KH

20g
68kcal | 2g EW | 0g F | 14g KH

40g
32kcal | 5g EW | 1g F | 1g KH

KNÄCKEBROT
mit scharfem Möhrensalat

1 Person	**20 MIN** Zubereitung **12 STD** ziehen lassen	1 Knoblauchzehe, Chilipulver, Salz, Pfeffer

200 g *Möhren*

1 EL *Rapsöl*

2 *Scheiben Knäckebrot*

40 g *körniger Hüttenkäse (fettreduziert)*

Die **Möhren** schälen und mit einem V-Hobel in feine Streifen hobeln. Die **Möhrenstreifen** in eine Schüssel geben. **Salzen** und mit den Händen etwas durchkneten, sodass sie weicher werden. Den **Knoblauch** abziehen und sehr fein hacken. Zusammen mit etwas **Chilipulver** unter die **Möhren** mengen. 12 Stunden durchziehen lassen und vor dem Verzehr erneut **salzen** und **pfeffern**.

Die **Knäckebrotscheiben** mit dem **Hüttenkäse** bestreichen. Den **Möhrensalat** darauf verteilen.

Pro Person:
254 kcal | 8 g EW | 11 g F | 29 g KH

Tipp: *Sie können auch anderes Gemüse wie Selleriestangen, Gurken- und Möhrenstreifen verwenden, dadurch ändert sich der Kaloriengehalt nicht wesentlich. Auch eine Scheibe Vollkornbrot (70 g: 150 kcal | 5 g EW | 1 g F | 25 g KH), in Streifen geschnitten, eignet sich zum Dippen.*

1

12 g
86 kcal | 2 g EW | 8 g F | 1 g KH

2

50 g
61 kcal | 2 g EW | 5 g F | 2 g KH

3

250 g
93 kcal | 3 g EW | 1 g F | 16 g KH

CHILI-WALNUSS-DIP

mit Gemüsesticks

2 Personen	**15 MIN** Zubereitung	1 Knoblauchzehe, ½ Chilischote, Salz, Paprikapulver (edelsüß)

25 g *Walnüsse*

100 g *saure Sahne (10 % Fett)*

je **1** *rote, gelbe und grüne Paprika*

Die **Chilischote** putzen, halbieren, die Kerne gründlich entfernen und grob hacken. Die **Knoblauchzehe** abziehen und grob hacken. Die **Walnüsse** zusammen mit der **Chilischote** und dem **Knoblauch** in einen Universalzerkleinerer geben und fein hacken. Danach die saure **Sahne** unterrühren und mit ½ TL **Paprikapulver** und **Salz** abschmecken.

Die **Paprika** putzen, waschen und in Streifen schneiden. Mit dem **Dip** servieren.

Pro Person:
240 kcal | 7 g EW | 14 g F | 19 g KH

Tipp: *Dazu noch ein ½ gekochtes Ei (30 g: 41 kcal | 3 g EW | 6 g F | 0 g KH) und der Abend ist gerettet. Der Aufstrich lässt sich etwa 3 Tage im Kühlschrank aufbewahren.*

1

40 g
11 kcal | 0 g EW | 0 g F | 2 g KH

2

10 g
88 kcal | 0 g EW | 10 g F | 0 g KH

3

120 g
84 kcal | 2 g EW | 0 g F | 18 g KH

4

20 g
117 kcal | 4 g EW | 10 g F | 4 g KH

5

80 g
158 kcal | 4 g E | 1 g F | 33 g KH

BAUERNBROT

mit orientalischer Kartoffelpaste

1 Person	**15 MIN** Zubereitung	frischer Schnittlauch, Salz, Pfeffer

1 *rote Zwiebel*

1 EL *Rapsöl*

120 g *gekochte Kartoffeln (vom Vortag)*

1 EL *weißes Tahin (Sesampaste)*

1 *Scheibe Bauernbrot*

Die **Zwiebel** abziehen und fein hacken. Das **Öl** in einer beschichteten Pfanne erhitzen und die **Zwiebelwürfel** darin glasig dünsten.

Die **Kartoffeln** mit einem Stampfer oder einer Gabel zerdrücken und mit den gedünsteten **Zwiebeln** und **Tahin** zu einem glatten Aufstrich verrühren. Mit **Salz** und **Pfeffer** abschmecken.

Die **Kartoffelpaste** auf das **Brot** streichen und nach Belieben mit 2 EL gehacktem **Schnittlauch** garnieren.

Pro Person:
458 kcal | 10 g EW | 21 g F | 57 g KH

Tipp: *Geben Sie zusätzlich je nach Geschmack 1 Scheibe getoastetes Vollkorntoastbrot in Würfeln (30 g: 71 kcal | 3 g EW | 1 g F | 14 g KH) und 1 EL geröstete Pinienkerne (10 g: 67 kcal | 1 g EW | 7 g F | 0 g KH) in die Suppe.*

TOMATENSUPPE

mit Basilikum

2 Personen	**20 MIN** Zubereitung	getrockneter Basilikum, Salz, Pfeffer, frischer Basilikum

400 g *sonnengereifte Tomaten*

1 *kleine Zwiebel*

1 EL *Olivenöl*

200 ml *kräftige Gemüsebrühe*

1 TL *Zucker*

2 EL *Tomatenmark*

1

200 g
34 kcal | 1 g EW | 0 g F | 5 g KH

2

20 g
4 kcal | 0 g EW | 0 g F | 1 g KH

3

5 g
44 kcal | 0 g EW | 5 g F | 0 g KH

4

100 ml
22 kcal | 1 g EW | 2 g F | 1 g KH

5

3 g
12 kcal | 0 g EW | 0 g F | 3 g KH

6

10 g
4 kcal | 0 g EW | 0 g F | 1 g KH

Die **Tomaten** waschen, halbieren und grob in Stücke schneiden.

Die **Zwiebel** abziehen und fein hacken. Das **Öl** in einem Topf erhitzen, **Zwiebel** darin glasig dünsten. **Tomatenstücke** dazugeben und die **Brühe** angießen. Mit ½ TL getrocknetem **Basilikum** würzen und 10 Minuten köcheln lassen.

Mit **Salz**, etwas **Pfeffer**, **Zucker** und **Tomatenmark** würzen und mit dem Stabmixer zu einer homogenen Suppe pürieren.

2 Stängel **Basilikum** waschen und trocken tupfen, die Blätter abzupfen. Die Suppe auf zwei tiefe Teller verteilen und mit den **Basilikumblättern** dekorieren.

Pro Person:
120 kcal | 2 g EW | 7 g F | 11 g KH

Tipp: *Für mehr Abwechslung können Sie 2 EL Kakaonibs (20 g: 116 kcal | 2 g EW | 11 g F | 1 g KH) unter die Gewürze geben, die dem Gericht das gewisse Etwas verleihen.*

1

300 g
75 kcal | 3 g EW | 0 g F | 15 g KH

2

10 g
88 kcal | 0 g EW | 10 g F | 0 g KH

3

70 g
199 kcal | 11 g EW | 17 g F | 1 g KH

KÜRBISSTREIFEN

aus dem Backofen

1 Person	**1** Auflaufform **15 MIN** Zubereitung **20 MIN** Backen	Chiliflocken, frischer Thymian, Salz

¼ *Hokkaidokürbis*

1 EL *Olivenöl*

70 g *Feta*

Den Backofen auf 200 °C Ober- und Unterhitze vorheizen. Den **Hokkaidokürbis** waschen und putzen (die Schale kann mit verzehrt werden) und ein Viertel herausschneiden. Die **Kürbiskerne** und Fasern herauskratzen und das **Kürbisfleisch** in 4 bis 6 Spalten schneiden.

Eine Auflaufform mit etwas **Öl** ausstreichen. Die **Kürbisspalten** nebeneinander in die Form legen und mit dem restlichen **Öl** beträufeln. Den **Feta** mit einer Gabel zerbröseln und über die **Kürbisspalten** verteilen. Nach Belieben mit ¼ TL **Chiliflocken** und 1 EL gehacktem **Thymian** bestreuen, dann mit **Salz** würzen.

Die **Kürbisspalten** auf der mittleren Schiene des Backofens 20 Minuten backen.

Pro Person:
362 kcal | 14 g EW | 27 g F | 16 g KH

Tipp: *Dazu passt eine Scheibe Dinkelvollkornbrot (60 g: 122 kcal | 6 g EW | 1 g F | 23 g KH).*

1

200 g
56 kcal | 7 g EW | 0 g F | 5 g KH

2

120 g
50 kcal | 1 g EW | 0 g F | 10 g KH

3

75 g
110 kcal | 14 g EW | 5 g F | 3 g KH

4

10 g
88 kcal | 0 g EW | 10 g F | 0 g KH

5

150 ml
33 kcal | 1 g EW | 2 g F | 2 g KH

BROKKOLI-MÖHREN-PFANNE

mit Tofu

1 Person	**20 MIN** Zubereitung	Speisestärke, Salz, Pfeffer

200 g *Brokkoli*

120 g *Möhren*

75 g *Räucherofu*

1 EL *Rapsöl*

150 ml *Gemüsebrühe*

Den **Brokkoli** putzen und in Röschen teilen. **Möhren** schälen und in dünne Stifte schneiden. Den **Tofu** klein würfeln.

Das **Öl** in einer beschichteten Pfanne erhitzen. Die **Möhrenstifte** und **Brokkoliröschen** darin leicht unter Rühren anbraten. Die **Brühe** zugeben und 3-5 Minuten bei milder Hitze kochen lassen. ½ TL **Speisestärke** und 2 EL Wasser verrühren, dann zum **Gemüse** geben und alles kurz aufkochen. Zum Schluss den **Tofu** unterheben. Mit **Salz** und **Pfeffer** würzen.

Pro Person:
337 kcal | 23 g EW | 17 g F | 20 g KH

Tipp: *Verwenden Sie das übrige Toastbrot für Croutons.*

1

100g
17kcal | 1g EW | 0g F | 2g KH

2

30g
6kcal | 1g EW | 0g F | 1g KH

3

50g
9kcal | 0g EW | 0g F | 2g KH

4

45g
117kcal | 4g EW | 2g F | 22g KH

5

10g
88kcal | 0g EW | 10g F | 0g KH

6

15g
56kcal | 5g EW | 4g F | 0g KH

ITALIENISCHE GEMÜSETOASTIES

1 Person	**20 MIN** Zubereitung	Salz, Pfeffer

3 *Scheiben Aubergine*

3 *Scheiben Zucchini*

3 *Scheiben Tomate*

3 *Scheiben Vollkorntoastbrot*

1 EL *Olivenöl*

3 TL *frisch geriebener Parmesan*

Das **Gemüse** waschen und in Scheiben schneiden. Das **Toastbrot** toasten und mit einem Trinkglas Kreise daraus ausstechen.

Das **Öl** in einer beschichteten Pfanne erhitzen. **Auberginen-** und **Zucchinischeiben** von beiden Seiten darin anbraten, dann 1 TL **Parmesan** auf alle Scheiben verteilen. Jeweils im Wechsel **Auberginen-**, **Tomaten-** und **Zucchinischeiben** daraufsetzen, die Scheiben dazwischen jeweils mit **Parmesan** bestreuen.

Die **Gemüsetürmchen** mit **Salz** und **Pfeffer** würzen. Zugedeckt bei niedriger Hitze etwa 7 Minuten weich dünsten.

Die **Toastkreise** auf einen Teller geben und die **Gemüsetürmchen** daraufsetzen.

Pro Person:
293 kcal | 11 g EW | 16 g F | 27 g KH

1

60 g
214 kcal | 2 g EW | 0 g F | 49 g KH

2

200 g
26 kcal | 2 g EW | 0 g F | 2 g KH

3

120 g
44 kcal | 2 g EW | 0 g F | 8 g KH

4

70 g
63 kcal | 12 g EW | 1 g F | 1 g KH

5

500 ml
110 kcal | 2 g EW | 3 g F | 2 g KH

6

70 g
26 kcal | 0 g EW | 2 g F | 2 g KH

ASIA-NUDEL-SUPPE

mit Pak Choi

1 Person	**15 MIN** Zubereitung	Salz, Pfeffer

60 g *Glasnudeln (alternativ: Reisnudeln)*

1 *Pak Choi*

1 *rote Spitzpaprika*

70 g *TK-Garnelen*

500 ml *Gemüsebrühe*

2 EL *grüne Currypaste*

Die **Nudeln** nach Packungsanleitung in kochend heißem Wasser garen. Dann abgießen, kalt abbrausen und abtropfen lassen.

Pak Choi und **Paprika** putzen, waschen und jeweils in schmale Streifen schneiden. Die **Garnelen** kalt abbrausen und trocken tupfen. Die **Brühe** in einen Topf geben und die **Currypaste** einrühren. Das **Gemüse** hineingeben und alles ca. 3 Minuten köcheln lassen, dann die **Nudeln** und **Garnelen** hinzugeben und kurz in der **Brühe** ziehen lassen. Mit **Salz** und **Pfeffer** abschmecken.

Pro Person:
483 kcal | 20 g EW | 6 g F | 64 g KH

Tipp: *Die übrige Süßkartoffel können Sie anderweitig verwenden oder auch einfrieren. Die andere Hälfte der Avocado können Sie einige Tage im Kühlschrank lagern.*

1

160 g
178 kcal | 3 g EW | 1 g F | 39 g KH

2

100 g
130 kcal | 1 g EW | 13 g F | 4 g KH

3

10 g
4 kcal | 0 g EW | 0 g F | 1 g KH

4

50 g
95 kcal | 11 g EW | 6 g F | 0 g KH

SÜSSKARTOFFELSCHEIBEN
mit Räucherlachs

1 Person	**15 MIN** Zubereitung **20 MIN** Backen	etwas Olivenöl, Kresse, Paprikapulver (edelsüß), Salz, Pfeffer

1 *Süßkartoffel*

½ *Avocado*

1 EL *Zitronensaft*

50 g *Räucherlachs*

Den Backofen auf 180 °C Ober- und Unterhitze vorheizen. Die **Süßkartoffel** waschen und längs in 4 feine Scheiben schneiden. Die **Süßkartoffelscheiben** dünn mit **Öl** bepinseln und mit **Salz**, **Pfeffer** und ½ TL **Paprikapulver** würzen. Im Backofen etwa 20 Minuten weich backen.

Inzwischen 1 **Avocado** halbieren. Eine Hälfte schälen und das Fruchtfleisch mit einer Gabel zu Mus zerdrücken, dabei **Zitronensaft**, **Salz** und **Pfeffer** untermischen. Den **Räucherlachs** in Streifen schneiden.

Die **Süßkartoffeln** aus dem Ofen holen, auf einem Teller anrichten und mit der **Avocadopaste** bestreichen. Den **Räucherlachs** darauf verteilen. Etwa 1 EL **Kresse** abbrausen, trocken tupfen und über die **Süßkartoffelscheiben** streuen.

Pro Person:
407 kcal | 15 g EW | 20 g F | 44 g KH

Tipp: *Wenn Sie ganz auf Zucker verzichten möchten, klappt dies gut mit einer Mischung aus Erythrit und Stevia, die geschmacklich unserem Haushaltszucker sehr nah kommt.*

LEICHTE SCHOKOCREME
mit Avocado

1

25g
124kcal | 2g EW | 8g F | 12g KH

2

50g
65kcal | 1g EW | 7g F | 2g KH

3

5g
16kcal | 1g EW | 1g F | 1g KH

4

20g
81kcal | 0g EW | 0g F | 20g KH

5

40g
19kcal | 4g EW | 0g F | 0g KH

6

10g
3 Kcal | 0g EW | 0g F | 1g KH

2 Personen	**20 MIN** Zubereitung **über Nacht** kalt stellen	Kardamom, Salz

50 g *Zartbitterschokolade*

½ *reife Avocado*

2 TL *Backkakao*

4 EL *Zucker*

2 *Eiweiß (Größe M)*

4-8 *frische Himbeeren (zum Garnieren)*

Die **Schokolade** grob hacken und im heißen Wasserbad oder in der Mikrowelle schmelzen.

Das **Avocadofleisch** aus der Schale lösen. Zusammen mit dem **Kakao**, dem **Zucker** und 1 Msp. **Kardamom** pürieren. Dann die flüssige **Schokolade** unter die Masse rühren.

Die **Eiweiße** mit einer Prise **Salz** steif schlagen und unter die **Schoko-Avocado-Creme** heben. Die Creme in 2 Dessertgläser füllen und über Nacht in den Kühlschrank stellen.

Vor dem Servieren mit etwas **Kakao** und frischen **Himbeeren** garnieren.

Pro Person:
308 kcal | 8 g EW | 16 g F | 36 g KH

125 ml
76 kcal | 0 g EW | 1 g F | 10 g KH

20 g
77 kcal | 4 g EW | 7 g F | 0 g KH

10 g
38 kcal | 0 g EW | 0 g F | 9 g KH

150 g
48 kcal | 1 g EW | 0 g F | 8 g KH

KOKOS-ERDBEER-DESSERT

1 Person **10 MIN** Zubereitung

1. **125 ml** *Kokosdrink*
2. **2 EL** *Chiasamen*
3. **1 EL** *Erdbeermilchpulver*
4. **150 g** *frische Erdbeeren oder TK-Erdbeeren*

Den **Kokosdrink** zusammen mit den **Chiasamen** und dem **Erdbeerpulver** in eine Schüssel geben und verrühren. Kurz quellen lassen.

Die **Erdbeeren** waschen, putzen und in Scheiben schneiden, alternativ pürieren. Sobald der **Kokosdrink** zu einer Creme gequollen ist, die frischen **Erdbeeren** fächerartig darauf verteilen oder das **Erdbeerpüree** auf die Creme geben, sodass sie komplett mit der roten Sauce überzogen ist.

Pro Person:
239 kcal | 5 g EW | 8 g F | 27 g KH

Tipp: *Wenn Sie ganz auf Zucker verzichten möchten, klappt dies gut mit einer Mischung aus Erythrit und Stevia, die geschmacklich unserem Haushaltszucker sehr nah kommt.*

1

12 g
89 kcal | 0 g EW | 10 g F | 0 g KH

2

60 g
44 kcal | 8 g EW | 0 g F | 2 g KH

3

12 g
49 kcal | 0 g EW | 0 g F | 12 g KH

4

5 g
19 kcal | 0 g EW | 0 g F | 5 g KH

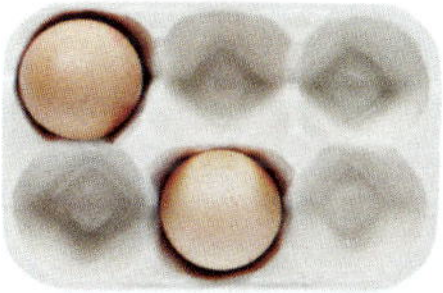

5

15 g
21 kcal | 2 g EW | 1 g F | 0 g KH

6

2 g
7 kcal | 0 g EW | 1 g F | 0 g KH

ZEBRA-KÄSEKUCHEN

ohne Boden

8 Stück	1 Springform **20 cm Ø** **15 MIN** Zubereiten **45 MIN** Backen

100 g *Butter*

500 g *Magerquark*

100 g *Zucker*

1 *Päckchen Vanillepuddingpulver*

2 *Eier (Größe M)*

2 EL *Backkakao*

Den Backofen auf 180 °C Ober- und Unterhitze vorheizen.

Die **Butter** in einem kleinen Topf oder in der Mikrowelle schmelzen. **Quark**, **Zucker**, **Puddingpulver**, **Eier** sowie die abgekühlte flüssige **Butter** mit den Schneebesen eines Handrührgerätes zu einer cremigen Masse verrühren. Diese gleichmäßig auf zwei Schüsseln verteilen. In die eine Hälfte 2 EL **Kakao** unterrühren.

Nun die beiden **Quarkmassen** mithilfe von 2 Esslöffeln abwechselnd in die Mitte einer mit Backpapier ausgelegten Springform geben. Die Masse verläuft von alleine, und es entstehen Ringe, die man später beim Aufschneiden des **Käsekuchens** sieht.

Den **Kuchen** auf der mittleren Schiene ca. 45 Minuten backen. Auskühlen lassen und in 8 Stücke schneiden.

Pro Stück:
229 kcal | 10 g EW | 12 g F | 19 g KH

Tipp: *Wenn Sie ganz auf Zucker verzichten möchten, klappt dies gut mit einer Mischung aus Erythrit und Stevia, die geschmacklich unserem Haushaltszucker sehr nah kommt.*

SCHOKOBROWNIE
mit Roter Bete

16 Stück	1 Kastenform **20×20 cm** **25 MIN** Zubereiten **25 MIN** Backen	Vanille

1

20 g
8 kcal | 0 g EW | 0 g F | 2 g KH

2

12 g
60 kcal | 1 g EW | 4 g F | 6 g KH

3

8 g
59 kcal | 0 g EW | 7 g F | 0 g KH

4

6 g
24 kcal | 0 g EW | 0 g F | 6 g KH

5

15 g
21 kcal | 2 g EW | 1 g F | 0 g KH

6

10 g
34 kcal | 1 g EW | 0 g F | 6 g KH

350 g *Rote Bete (vakuumiert)*

200 g *Zartbitterschokolade*

120 g *Butter*

100 g *brauner Zucker*

4 *Eier (Größe M)*

150 g *Dinkelvollkornmehl*

Den Backofen auf 180 °C Ober- und Unterhitze vorheizen. Die **Rote Bete** aus der Folie nehmen, grob schneiden und pürieren.

Die **Schokolade** und **Butter** im Wasserbad oder direkt im Topf bei niedriger Temperatur langsam schmelzen. Etwas abkühlen lassen.

Den **Zucker** mit den **Eiern** schaumig rühren. Das **Mehl** und die leicht abgekühlte **Butter-Schoko-Masse** im Wechsel mit dem **Püree** unterheben. Den **Teig** mit etwas **Vanille** abschmecken.

Den **Schokoladenteig** in eine mit Backpapier ausgelegte Kastenform geben, glatt streichen und etwa 25 Minuten backen. Die **Brownies** sollten noch leicht feucht sein. Abkühlen lassen und dann in gleich große Stücke schneiden.

Pro Stück:
206 kcal | 4 g EW | 12 g F | 20 g KH

BRAVO

1

75g
278kcal | 4g EW | 18g F | 26g KH

2

100g
60kcal | 0g EW | 0g F | 14g KH

3

5g
28kcal | 0g EW | 0g F | 8g KH

APFEL-BLÜTEN

3 Personen	**1** Muffinblech, **6 Stück** **25 MIN** Zubereitung **20 MIN** Backen	Zitronensaft, Zimt, Öl

3 *TK-Blätterteig-Platten (à 75g)*

2 *Äpfel*

6 TL *Kirschkonfitüre*

Den Backofen auf 200 °C Ober- und Unterhitze vorheizen. Die **Blätterteigplatten** zum Auftauen rauslegen. Die Mulden eines 6er-Muffinblechs mit etwas **Öl** einfetten.

Die **Äpfel** vierteln, Kerngehäuse entfernen und in hauchdünne Spalten schneiden. Die **Apfelspalten** in eine Schüssel mit etwas Wasser und 1 EL **Zitronensaft** legen. Falls die Apfelspalten zu starr sind, diese kurz in der Mikrowelle dünsten.

Den **Blätterteig** auf etwa die doppelte Größe ausrollen und längs halbieren. Die Streifen mit je einem Teelöffel **Kirschkonfitüre** bestreichen und mit ½ TL **Zimt** bestreuen. Die **Apfelspalten** mit der Schale nach außen, leicht überlappend darauflegen. Darauf achten, dass sie etwas über den Rand hinausragen.

Die Seite des **Blätterteigs**, auf der keine Apfelspalten liegen, bis zur Hälfte über die **Apfelspalten** legen. Dann den **Teig** zu einer Blüte aufrollen. Die **Blüten** in das Muffinblech setzen und etwa 20 Minuten im Backofen backen.

Pro Stück:
366kcal | 4g EW | 18g F | 48g KH

Tipp: *Schmelzen Sie gleich eine ganze Tafel Schokolade und verteilen Sie diese auf 60 g Popcorn, so haben Sie gleich einen Knabber-Vorrat. Natürlich können Sie das Popcorn auch selber machen. Dafür den Mais in eine Pfanne mit Deckel geben, erhitzen und aufpoppen lassen. Dann erst mit Schokoladenfäden überziehen.*

15 g
55 kcal | 2 g EW | 1 g F | 10 g KH

25 g
124 kcal | 2 g EW | 8 g F | 12 g KH

KNUSPRIGES SCHOKO-POPCORN

1 Person

5 MIN Zubereitung
15 MIN Kühlzeit

15 g *Popcorn*

25 g *Zartbitterschokolade*

Das **Popcorn** auf ein Backpapier geben. Die **Schokolade** im Wasserbad oder in der Mikrowelle schmelzen. Die flüssige **Schokolade** in Fäden über das **Popcorn** verteilen. Danach das **Popcorn** kurz abkühlen lassen.

Pro Person:
179 kcal | 4 g EW | 9 g F | 22 g KH

NÄHRWERTTABELLE GETRÄNKE

Heißgetränke	Menge	kcal	g EW	g F	g KH
Cappuccino (mit Vollmilch)	300 ml	141	6	4,5	9
Latte Macchiato	300 ml	181	9,2	9,6	14,5
Milchkaffee	300 ml	80	4	4	6
Eiskaffee	400 ml	930	12	48	82
Filterkaffee	150 ml	0	0	0	0
Grüner Tee	150 ml	0	0	0	0
Schwarzer Tee	150 ml	0	0	0	0
Kräutertee	150 ml	0	0	0	0
Früchtetee	150 ml	0	0	0	0
Kakao	200 ml	150	8	4	22

Säfte	Menge	kcal	g EW	g F	g KH
Ananassaft	200 ml	100	0	0	22
Apfelsaft, klar	200 ml	92	0	0	21
Apfelsaft, trüb	200 ml	88	0	0	21
Orangensaft	200 ml	85	0	0	16
Grapefruitsaft	200 ml	78	0	0	16
Kirschsaft	200 ml	110	0	0	24
Bananensaft	200 ml	122	0	0	29
Maracujasaft	200 ml	128	0	0	29
Multivitaminsaft	200 ml	92	0	0	21
Möhrensaft	200 ml	48	0	0	10
Tomatensaft	200 ml	36	0	0	6
Gelber Smoothie	250 ml	155	2	0	37
Grüner Smoothie	250 ml	132	2	0	29

Zugaben zum Kaffee/Tee	Menge	kcal	g EW	g F	g KH
1 TL Zucker	5 g	21	0	0	4
1 TL Kaffeemilch (4 % F)	5 ml	5	+	+	1
1 TL Milch (3,5 % F)	5 ml	3	+	+	+
1 TL Milch (1,5 % F)	5 ml	2	+	+	+

Zeichenerklärung: + = Inhaltsstoff nur in Spuren nachweisbar

Softdrinks	Menge	kcal	g EW	g F	g KH
Cola	200 ml	84	0	0	22
Cola light/zero	200 ml	0	0	0	0
Orangenlimonade	200 ml	76	0	0	18
Zitronenlimonade	200 ml	74	0	0	18
Ginger Ale	200 ml	74	0	0	18
Bitter Lemon	200 ml	100	0	0	24
Bitter Lemon, light	200 ml	14	0	0	3
Fassbrause, Holunder	330 ml	73	2	0	17
Energiedrink	250 ml	116	0	0	28
Malzbier, alkoholfrei	330 ml	139	0	0	34

Alkoholische Getränke	Menge	kcal	g EW	g (Alkohol)	g KH
Pils	330 ml	128	1	13	9
Pils, alkoholfrei	330 ml	100	1	0	25
Weizenbier	500 ml	195	0	25	15
Weizenbier, alkoholfrei	500 ml	95	2	0	15
Kölsch	200 ml	84	0	8	8
Radler/Alster	330 ml	129	0	8	20
Sprizz	200 ml	236	0	15	41
Hugo	200 ml	168	0	14	22
Sekt	100 ml	83	0	9	5
Prosecco	100 ml	75	0	9	4
Champagner	100 ml	92	0	11	4
Apfelwein	200 ml	70	0	5	1
Rotwein	200 ml	167	0	21	5
Weißwein	200 ml	141	0	17	5

NÄHRWERTTABELLE SÜSSIGKEITEN

Eis	Menge	kcal	g EW	g (Alkohol)	g KH
Haselnuss-Eis in der Waffel (z. B. Cornetto)	86 g (1 Stück)	211	3	12	23
Zitronen-Joghurt-Eis in der Waffel (z. B. Cornetto)	86 g (1 Stück)	181	2	8	21
Eis am Stiel mit Schokoladenglasur (z. B. Nogger)	67 g (1 Stück)	210	3	14	17
Fruchteis am Stiel (z. B. Capri)	58 g (1 Stück)	53	0	0	12
Eis-Sandwich	54 g	117	3	4	17

Schokolade	Menge	kcal	g EW	g (Alkohol)	g KH
Vollmilch-schokolade	100 g	547	8	32	55
Edelbitter-schokolade	100 g	603	9	49	25
Vollmich-Hasel-nuss-Schokolade	100 g	576	9	39	49
Vollmilch-schokolade mit Knusperflakes	100 g	520	7	27	60
Vollmilch-Joghurt-Schokolade	100 g	574	8	38	49
Vollmilch-Keks-Schokolade	100 g	518	6	27	60
Mint-Schokoladen-Täfelchen	17 g (1 Stück)	71	0	2	12
Schokolinsen	14 g (100 g)	69	1	3	10
Karamell-Schokoriegel	51 g (1 Stück)	224	2	8	35
Erdnuss-Schokoriegel	57 g (1 Stück)	287	5	16	31
Keks-Schokoriegel	50 g (1 Stück)	246	2	12	33
Schoko-Kokos-Riegel	57 g (1 Stück)	278	2	15	34
Milchschnitte	28 g (1 Stück)	118	2	8	10
Haselnuss-Schoko-Schnitte	22 g (1 Stück)	119	2	7	12
Mandel-Flakes mit Schokoladenglasur (z. B. Schoko Cros-sies)	20 g (4 Stück)	103	1	5	12

Fruchtgummi	Menge	kcal	g EW	g (Alkohol)	g KH
Gummibären	100 g	300	5	0	68
Gummibären aus Fruchtsaft	100 g	409	5	0	90
Lakritzkonfekt	100 g	326	3	0	75
Cola-Fläschchen	100 g	325	2	0	74
Süße Mäuse	100 g	630	4	0	148
Joghurt-Fruchtgummi	100 g	341	0	0	83
Tropisches Fruchtgummi	100 g	345	0	0	86

Kekse	Menge	kcal	g EW	g (Alkohol)	g KH
Doppelkeks mit Schokocreme	23,5 g (1 Stück)	109	1	5	16
Doppelschokokeks mit Milchcreme	11 g (1 Stück)	53	1	2	8
Schoko-Butterkeks	14 g (1 Stück)	72	1	2	9
Weicher Orangenkeks	13 g (1 Stück)	45	0	1	9
Schaumkuss	25 g (1 Stück)	82	1	15	2

Salziges	Menge	kcal	g EW	g (Alkohol)	g KH
Salziger Keks	100 g	478	8	19	67
Erdnussflip	100 g	483	14	24	50
Chips	100 g	535	6	35	49
Macadamia, natur	100 g	703	8	73	4
Erdnüsse, natur	100 g	638	29	48	10
Pistaziennüsse, natur	100 g	608	18	52	12
Haselnüsse, natur	100 g	644	12	62	11
Walnüsse, natur	100 g	733	16	71	6
Cashewkerne, natur	100 g	599	19	47	23

REGISTER

ÜBER DIE AUTORIN

Anne Iburg (Diätassistentin und Diplom Oecotrophologin) hat eine eigene Praxis für Ernährungstherapie und hat unzählige Bücher zu gesunder Ernährung geschrieben. Aus ihren Beratungen und Abnehmkursen weiß sie, dass viele Patienten ein falsches Gefühl für die richtige Menge an Lebensmitteln und für den Energiegehalt von Essen haben. Ihr ist es wichtig, dass die Leser in Handlung kommen und somit Spaß am Abnehmen und am Ausprobieren von neuen Rezepten haben. Sie kocht mit großer Begeisterung und hat auch für dieses Buch alle Rezepte in ihrer Versuchsküche ausprobiert.

IMPRESSUM

Bibliografische Information der Deutschen Bibliothek.

Die Deutsche Bibliothek verzeichnet diese Publikation in der Deutschen Nationalbibliografie.

Detaillierte bibliografische Daten sind im Internet über http://www.dnb.de/ abrufbar.

EIN BUCH DER EDITION MICHAEL FISCHER

2. Auflage 2019

Covergestaltung: Luca Feigs

Coverfotos: Nadja Buchzcik, Bielefeld

Produktmanagement und Lektorat: Alexandra Baier, Marcelina Schulte

Satz: Luca Feigs

Rezeptfotos: Claudia Timmann, Hamburg

Zutatenbilder: Claudia Timmann, Hamburg; Guido Schmelich, Holzkirchen; Sabrina Sue Daniels, Frankfurt am Main; außer: S.21 (Jiri Hera, Schutterstock), S.39 (jultud, Schutterstock), S.89 (Nattika, Schutterstock), S.119 (Viktor1, Shutterstock), S.121 (Edward Westmacott, Shutterstock)

ISBN 978-3-96093-330-4

Gedruckt bei Polygraf Print, Čapajevova 44, 08001 Prešov, Slowakei

www.emf-verlag.de